TAJIMI CITY
Booklet No.11

市場と向き合う自治体

多治見市の財政健全化条例と国の地方財政健全化法

小西砂千夫
（関西学院大学）

自治体における市場化テストの課題

稲澤　克祐
（関西学院大学）

公人の友社

目　次

多治見市の財政健全化条例と国の地方財政健全化法

小西砂千夫
（関西学院大学）

はじめに

小西でございます。どうぞよろしくお願いいたします。

きょうは、皆さんとともにこの「多治見市健全な財政に関する条例」が成立したことを喜び、この条例の価値をもう一度確かめてみたいと思います。条例は字の書いてある紙にすぎませんので、それに魂が入らなければ駄目です。きょうは、この会をいくつかある機会の一つにしていただき魂を入れていきましょうということですので、こんなに楽しい話はございません。どういう意味で楽しいか、今からそれを申し上げたいと思います。

かつて多治見市はあまり財政状況が良くなかったことは、皆さん、よくご存じだと思います。多治見市は、私から見ていろいろな意味で地に足が着いた改革をしている、派手さはないかもしれないが、堅実にいろいろなものを積み上げてきた自治体だと思います。その積み上げを説明するとなると、おそらく多治見市の関係者は「かつて財政が非常に悪い時期がありまして」というところから始まると思います。

今、多治見市は財政状況が極めて良いというわけではありません。例えば、大きな工場があって、市の努力があまりなくても固定資産税や法人関係税が、入ってくる所ではありません。税にすごく恵まれていて、標準をはるかに超えるような住民サービスをしてもびくともしないという状況ではないので、「財政がいい」と言うとちょっと言い過ぎになります。言い方は難しいのですが、これぐらいの税収規模で、際立って恵まれているわけではないが、堅実な財政運営をしているといえます。

でも、全国にいろいろな団体があります。夕張はその中で最も厳しい所で、ちょっと論評しがたいような状況があります。まさに市長がおっしゃるとおり、住民も職員も本当につらいだろうなと思います。あれを見ると、ああいうことにならないように未然に食い止めなければいけないと市長は思われたことでしょう。この苦く苦しい経験を良いように生かしていかないと、そこで払われている大きな犠牲が報われない。

しかし、あそこまで悪くなくても財政状況の悪い自治体はたくさんあります。

Ⅰ　なぜ財政状態が悪くなるのか

1　もちこたえている団体ともちこたえていない団体の差は何か

今更ですが、なぜ財政状態が悪くなるんでしょうか。どういう理由で財政状態が悪い自治体ができるんでしょうか。これを考えると、結構難しい問題じゃないかと思います。

一番簡単な答えは「お金が減ったから財政は悪くなる」というものです。民間の企業は最近でこそちょっと良くなっています。しかし、景気はまだら現象で、良い所と良くない地域でコントラストがはっきりしています。業績が伸びた企業と伸びていない企業があります。相変わらず景気の悪い企業もあります。景気の悪い企業は、昔でしたら給料は伸びなかっただけでしたが、このごろは景気が悪くなると職を失ってしまう、給料がガタ減りになる。あるいは、片道切符で出向を命じられ、当然そこで給料が3割ぐらいカットされる。決して良いことではありませんが、そういう状況が民間ではあります。

給料がこの5年間で何割も減ったということがいくらでも起きています。減った人の家計の状態はどうなっているか。苦しくなっているわけです。しかし、本当にそれで生活ができなくなって破綻したかというと、そうはなっていないわけです。入るが減ったら出るほうも減らしたらいいじゃないかというのが民間の感覚でしょう。つまり、入ってくるのが減っても、出るのは止められませんから、その分は財政赤字になりますというのが役所の感覚だとすると、民間人の感覚では甘いとなるだろうと思います。役所で、入るが減ったときに、出るほうを十分に減らすことができないのはなぜか。そこを考えないと、財政状態がなぜ悪くなるかを考えたことにならない。

もちろん、最近は役所も人件費を中心に、みんな減らしているのですが、それでも多治見市のようにもちこたえている自治体と、もちこたえられないでずるずると後退している自治体があるわけです。その違いはどこでしょうか。お金が減ったら、みんな歳出は減らしているけれども、かなり頑張って減らしてもちこたえている団体と、もちこたえていない団体の差は何でしょうかというと、これはなかなか難しい。

夕張でも出てきますが、国が自治体に対して景気対策をやるように促す代わりに財政措置をつけた。あるいは地方交付税で鼻先にニンジンをぶら下げるようなことをしてハコモノを建てさせた。あれをやれ、これをやれと言ったから、コスト感覚がなくなって財政状況が悪くなるんだ。そういう指摘をされることがあります。

国から随分と甘いことを言われて景気対策をやったために財政状況が悪くなりましたというのは、なるほどと説得されるようなところがあります。しかし、財政優遇措置があるから財政状況が悪くなったという、その部分だけを読んだら変ですよね。財政優遇措置があるから財政が良くなったというのは正しいですが、財政優遇措置があるので財政が悪くなった。ほとんど意味不明ですよね。因果関係が逆になっています。

やはり、先ほどと同じで財政優遇措置があって、鼻先にニンジンをぶら下げた、本当はそれは財政状況を良くするはずのことだけれども、そこで「○○な状態」になったことによってかえって財政状況が悪くなった。この「○○な状態」というところがポイントです。自治体では一体どういうことが起きがちなのか。そこが問題です。

2　自治体は誰も舵を握っていない船

自治体ではどういうことが起きているか。なぜ財政状況が悪くなる、あるいは入ってくるものが減ったらそれに合わせて、身の丈に応じた財政運営がなぜできないのか。国に踊らされたけれども、必要以上に踊ったから財政状況が悪くなるわけですね。踊らされて、さして必要性や緊急性のないものをつくってしまったというところはあるかもわかりませんが、優遇措置があるのだから財政的負担は小さいのだから、財政状況が悪くなったという理由にストレートには結び付かないわけです。そこにはもうワンクッションないと駄目です。何が起きているかです。

いまから申し上げることは皆さんには意外に思われるかもしれませんが、自治体関係者は心の中で同意いただけるのではないかと思います。実は、自治体というのは誰も舵を握っていない船であるかもしれないんですよ。いや、そんなことはない。市長がいて、副市長がいて、幹部がいて、みんな舵を握っているじゃないかと思われるかもわかりませんが、組織というのはそう簡単なものではないですね。

組織の話をする前に、個人の話をします。皆さん、自分に課していることがあるじゃないですか。例えば、肝臓の数値が悪いから週に2回は休肝日をつくらないといけない、たばこをやめなければいけない、浪費をやめなければいけない。何々しなければいけないというわけです。もうちょっとレベルの高いことで言うと、英語が話せるようになりたいので英語の勉強を1日にせめて30分でもやらないといけない。いろいろやらないといけないというのがありますね。しかし、そんな立派な人ばかりとは違いますから、できませんね。

やらなければいけないことは私もあります。多分皆さんもおありだと思います。それが何でも完璧にできる人、要するにセルフコントロールができる人とできない人がいる。

個人でもセルフコントロールはなかなか難しい。ましてや自治体というのは1人の人間が仕切っているのではなくて、たくさんの人間で動かしています。企業と自治体はどちらも組織ですから同じですが、企業の場合は、企業の持続可能性を維持するためにはこうでなければならないという原理が非常にはっきりしていて、何をすべきかについての判断であまり迷わなくて済むところがある。

ところが自治体の場合は、単に持続可能であるという以上に、もっと求められているものが多い。そして、監視しているものもたくさんおられる。応えなければいけないニーズがたくさんある。どちらかといえば、命令系統がビシッとは通っていない。いろいろな問題を抱えているものですから、1人の市長で全部の問題を把握することは恐らく不可能です。こういう組織では物事を一貫性を持ってビシッと決めていくことは難しい。難しいので、実は誰も舵を握っていない状態になることが多い。ここに財政状態が悪くなる本当の原因があって、結局、誰も舵を握っていないので船は漂流するわけです。それを自覚されている場合もあれば、自覚されていない場合もあって、自治体の問題はとても難しいところがある。

Ⅱ　多治見市に財政健全化をもたらしたもの

逆に言うと、多治見市が財政状況をもちこたえてきているというのは、やはり握るべき人が舵を握ってきたからではないか。結論は、先ほどご挨拶された市長さんは舵を握っているんですよ。健全化条例があれば舵を握らざるを得ないんですよ。ちょっと舵の手を離したら、議会から市長は何をしているんだと怒られるわけです。

健全化条例を自ら提案したことで、市長は、多治見市では常に舵を握っていなければいけないようになりました。実は舵を握っているように見えて握っていない自治体が結構多いということに気がつくと、この条例の価値がご理解いただけると思います。

自治体は誰も舵を握っていない状態になりがちだとは、衝撃的なことを言っていますでしょう。住民の方にすれば「本当か？」と思いますよね。きょうはいろいろな自治体の方がいらっしゃいますので、休憩時間に「おたく、どこですか。おたくでは舵を握っていないんですか」と聞いてみられたらどうですか。どういう答えが返ってくるでしょうか。「うちはともかく、一般論としてはないこともないんじゃないですか」ぐらいの答えは多分返ってくるんじゃないかと思います。あるいは、一番無難な回答は「今は握っていますけど、前は握っていませんでした」、これは役所の方がよくやられる上手な逃げ方「その二」ですね。

たいへん厳しいことを言っていますが、一人の人間でも自分がやるべきことをきちんとやることは非常に難しい。ですから、役所という組織で、やるべきことを常にやることはけっして簡単ではなく、ものすごく厳しい意思決定に耐えることであって、それができて当たり前だと思わないほうがよいと思います。役所は駄目だと言っているのではありません。当たり前のことをすることが難しいことを知っていただきたいということです。

お金が減ったら減ったなりに身の丈に応じて財政運営をしようとするのは、やれて当然のように思われるかもわかりません。しかし、組織とか役所が持っている宿命、あるいは置かれた状況を考えると、できて当たり前と思われる反面、実はものすごい努力をしないとできないことなんです。

ですから、多治見市が税収にさして恵まれないなかで財政状況の悪化を避けていることは、できて当たり前のことですが、この当たり前のことを当たり前にやるのは難しいということをわかっていただきたいと思います。今後もルールとしてそれを担保するのが、この健全化条例です。それでは、その中身をもう少し具体的にお話をしたいと思います。

1　自治基本条例、マニフェスト、総合計画

自治基本条例、マニフェスト、総合計画などがカギです。多治見市の場合はこれが全部あります。自治基本条例は一番大きな理念のようなものです。この一番大きな理念の下でマニフェストがあって、そのマニフェストに対して総合計画があるという形になっています。また、総合計画は財政的裏付けのある計画になっていなければなりません。

当たり前のことですよね。市としての理念、これは市長が代わっても持ち続ける、市民の総意としてつくった理念がある。その下で、市長がこういう政策をするとして当選してくると、その市長の考え方に基づいて総合計画ができる。その総合計画はきちんと財政的な裏付けのあるものでなければならない。当たり前ですよね。ところが、これを当たり前にするのは全然当たり前ではない。

自治基本条例とマニフェストぐらいまではあまり珍しいものではなくなってきましたが、総合

計画は市長の任期と関係なくつくる場合のほうが多い。市長の任期と全く関係なく総合計画をつくってしまいますと、マニフェストと総合計画はどちらか偉いんでしょうかという話になって非常に困る状態になる。ところが、こういう筋の通らない話を放置しても、「いずれ直していきます」みたいな感じですませてしまう自治体はいくらでもあります。職員が総合計画を重視するあまりマニフェストを軽視したり、逆に総合計画を軽視することもあります。

でも、総合計画をつくったときには市の広報で説明したと思います。いったん説明したのに期限が来る前に、「新しいマニフェストになりましたので、市長も代わりましたので、あの計画は計画です」と言うのは、本当はおかしいですよね。でも、自治体の世界では、決していいことではないけども、それぐらいのことはあるかもしれません。すでにこの辺で、誰も舵を握っていない状態になってしまっています。役所には別に悪人がいるわけでもない。誰も悪意を持っていないけれども、結局きちんと筋を通せないことが役所では起こり得ます。

そこで多治見市はどうしたか。もともと市長任期が4年ということを念頭に置いて総合計画を運用する方針ができています。自治体の方は、総合計画は普通10年じゃないのかと思われるかもわかりません。多治見市では前期5年と後期5年にしてはいますが、前期5年のところは4年たったらまた次の4年に計画をローリングしていく形が、最初から前提になっています。そこで事実上、市長任期4年で回るような総合計画にしています。マニフェスト運動のない前から、市長の公約と総合計画を合わせるような仕組みを意識してもともとつくっているわけです。

多治見市では市長が交代して可及的速やかに総合計画をリニューアルして、まもなく始まる3月議会でご審議いただく段階になっています。詳しく言えば、市長はある意味で今までのルールをもっと厳密にして、それまでは2年かけて総合計画をつくるところを1年でやることとしています。2年もかかると今の時代ではスピード感がない。任期2年目からはマニフェストと総合計画が合った形でやろうとしています。

ですから、多治見市の総合計画は有言実行です。書いてある以上はやるというわけです。実行計画に書いてないものは原則できません。これは、自治体の方から言えば「そんなこと、できるのか?」と思われるかもわかりません。もちろん、それは現実的にやっている部分もありますが、本当に実行計画のなかで大きく縛っています。

そういう意味ではまじめですね。役所的常識から見ればまじめです。実は住民から見れば、それはそうだ、書いてあるものはやるけど書いてないものはやらない、それは当たり前だとなります。役所は普通そこで頑張るのが難しい。住民や議会からいろいろな要望・要請がありますよね。それに対して、悪く言うと八方美人になる分だけ、どうしても脇が甘くなるのが役所の陥りやすいところです。

2　総合計画の組み立て、進行管理

だからといって、多治見市が心の冷たい自治体だと言うわけではありません。総合計画という意味では非常に愚直にやっていく。でも、もちろん現実的に10年、20年の計画を最初にガチッと決めてしまうなんていうことではないです。行革でもそうですが、こちらの行革は総合計画の実施を担保するための財源枠を捻出するための行革ですので、そういう意味では迫力があります。財政の収入見通しはどんどん右肩下がりですね。その中で既存事業を圧縮しないと新しい計画は出てきません。その事業枠をいくら捻出するかを前提にした行革というやり方を採るわけです。本当はそれも当たり前ですが、そうはなかなかできないものです。

次に「計画的運営、優先順位」とあります。政策の優先順位をつけて、財源の範囲で優先順位の高いものからやっていく。さらに次が「政策別の優先順位」です。そういう流れになっています。総合計画の進行管理を財政的に裏付けのとれたものにすることを、今後、法的な枠組みのなかで担保していくものが、今回成立した「多治見市健全な財政に関する条例」です。

3　多治見市健全な財政に関する条例

パンフレットをご覧ください。「現在の多治見市の財政状況は、決して危険な状態ではありません」とあります。いい表現ですね。こういう条例をつくると、あすにでも危機的な状況になるのではないかと住民の方が必要以上に心配されるといけません。決して危険な状態ではないが、しかし、今後の少子高齢化を考えると歳入基盤が弱い、経常経費の削減・事業スケジュールの見直しも、そう言うのは簡単だけど何か大きなルールでもない限りは難しい、おそらくそういう意味だと思います。

さらに赤線が引いてある部分に「こうした課題を克服するため、健全な財政に関する条例」を制定しました。この条例の狙いは、財政の健全性を示す基準値を設定しますが、基準値で事業を規制しません。徹底した情報公開を進め、説明責任を果たすことで、政策選択を制限することなく、情報共有と合意形成に基づいて財政の健全性を確保します」とあります。これ以上財政状態を悪化させないという枠組みをつくるのであって、この事業はやる、この事業はやりませんと言っているわけではないという内容だと思います。計画段階で財政状況の見込みを公表するというわけです。

その下の方には、市政基本条例に基づく総合計画と健全な財政に関する条例は、市政基本条例に対して総合計画は市の政策を定めるものであり、健全な財政に関する条例は財政の規範を定めるものですので、財政を悪くすることなく計画を展開していって、両方もって市政の基本的な枠組みとしますというような意味の説明があります。

総合計画とセットになっているわけですね。絵に描いた餅ではない総合計画をつくることと、その総合計画は必ず財政の数字が一定以上悪くならないようなところで抑えるようにしますというわけです。この健全な財政に関する条例がなければ、総合計画がどんどん膨らんだときに、今はいいけれども将来は不安になりかねない。そういうふうにはしませんと、これは読むのだと思います。

多くの自治体は、少なくともこれまでは「計画はつくるけれども、やるかどうかはそのときの財政状況によって適宜判断する」というのが多かった。計画はつくるのだけども、それは希望を書き連ねた「ウィッシュリスト」であって、それを本当にやるかどうかはそのときどきで判断しますというのが普通の自治体です。多治見市は、ストイックな、厳しいルールを自らに課しているわけです。そんなことがやれるはずがないとおっしゃる自治体の方もいらっしゃると思います。

条例の概要

第1編

総則として、目的、財政運営の指針、責務を定めています。

世代間の負担の均衡を図る　／　計画的な行政運営と環境変化への対応の両立

第2編

財政運営の原則を定めています。

第1章では財政情報の共有について、

第2章では資産及び負債について、

第3章では執行について定めています。

わかりやすい予算説明書
わかりやすい決算説明書
財務諸表（4表、連結含む）

使用料等、補助金の定期的な見直し

負債を償還能力の観点から適切な水準とし、逓減に努めます
・負債＝市債
　＋債務負担
　＋債務保証等
　＋退職手当引当金相当額
災害復旧に要する経費、財政の安定性のための資金について、基金を設けます

第3編

計画的な財政運営を定めています。

第1章

情報共有のための財政判断指標、総合計画などの計画と中期財政計画との整合、予算・決算における財政状況の明示などを定めています。

第2章

財政状況の維持及び向上を定めています。第1節では、財政向上目標の設定を、第2節では、財政向上目標の達成のための財政向上指針の策定を定めています。〔下図①〕

第3章

財政状況の健全性の確保を定めています。第1節では、財政健全基準の設定を、第2節では、財政健全基準への抵触が見込まれたときの財政正常化計画の策定〔下図②〕を、第3節では、現に財政健全基準に抵触したときの財政再建計画の策定〔下図③〕を定めています。

財政健全性確保の仕組み

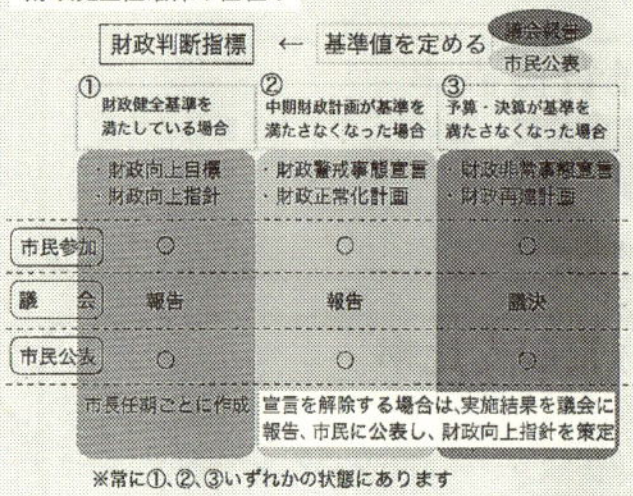

総合計画を財源の根拠をもって策定します

財政判断指標
1　償還可能年数　2　経費硬直率
3　財政調整基金充足率　4　経常収支比率

財政判断指標の見込みを公表します
・総合計画　・中期財政計画　・予算　・決算

第4編

規則への委任を定めています。

附　則

施行期日と適用区分を定めています。

現在の多治見市の財政状況は、決して危険な状態ではありません

多治見市における財政健全化に向けた取組み

▷ 平成８年に財政緊急事態を宣言〔県下14市（当時）で最悪の財政状況〕
▷ 財政の健全性を回復し、平成13年に宣言を解除
▷ 財政改革指針による財政運営を開始

平成18年度決算	経常収支比率	実質公債費比率	起債制限比率	財政力指数
多治見市	81.9	8.9	7.6	0.77
岐阜県（市町村平均）	85.2	13.2	9.6	0.62
全国（市町村平均）	90.3	15.1	11.3	0.53

経常収支比率：財政構造の弾力性（比率が高いほど硬直性が高い。）
実質公債費比率：公債費による財政負担の度合い（18％以上になると起債に当たり許可が必要となる。25％、35％を超えると起債が制限される。）
起債制限比率：公債費による財政負担の度合い（従来の起債許可制度で用いられていた指標）
財政力指数：財政力（高いほど財源に余裕がある。）

しかし･･･

- 今後の少子高齢化を考えると歳入基盤が弱い（個人市民税割合が高い）
- 通常経費の削減、事業スケジュールの見直しも困難

こうした課題を克服するため、「健全な財政に関する条例」を制定しました

この条例のねらい

(1) 財政の健全性を示す基準値を設定しますが、基準値で事業を規制しません。徹底した情報公開を進め説明責任を果たすことで、政策選択を制限することなく、情報共有と合意形成に基づいて財政の健全性を確保します。
※財政状況を示す財政判断指標を設け、この数値を市民、議会に公表します。
(2) 計画段階で財政状況の見込みを公表します。
※悪化してから是正するのではなく、悪化が見込まれた時点で回避のための取組みをスタートします。
(3) 財政判断指標は、財政の健全性を示すものとして、償還可能年数など独自のものも含め、４指標を設けています。

「市政基本条例」に基づく「総合計画」と「健全な財政に関する条例」

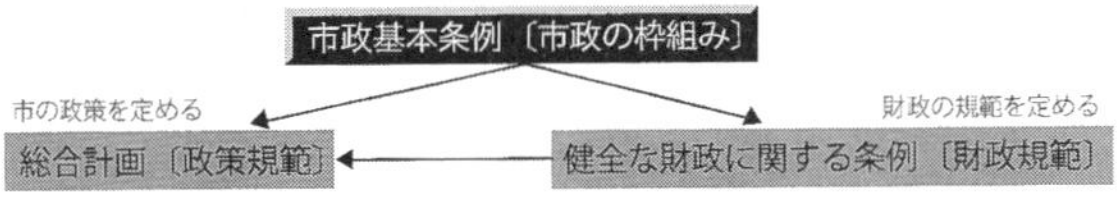

財政の枠組みとして総合計画を規律することで、実行可能性を支えます

計画的な財政運営と事業の取捨選択を進めることで、財源の散逸を防ぎ、真に必要な施策に充てる財源を確保していきます。

※この条例の制定に当たり、平成19年１月に施行した「多治見市市政基本条例」を一部改正し、多治見市政の基本的なルールの一つに位置づけています。

「健全な財政をまもります〜多治見市健全な財政に関する条例〜」パンフレットより

それがね、どうもここではやれていますよ。まあ、ほめ過ぎてはいけませんので「今のところは」と言っておきましょうね。多治見市の改革の過程を説明するときには、財政状態が非常に悪いところからスタートして、危機感を持ってこのように積み上げてきたことが強調されます。

市長という個人の政治家としての思いも市政運営の中には当然大きく反映されますが、財政に関しては誰も財政状況を悪化させる権利はないわけですね。財政を悪くすることは負担を将来に先送りすることです。孫や子どもの世代に「おまえ、払っておけ」と言っているわけで、誰が市長であってもそんなことを言う権利はない。その反面で、市長が代わると総合計画は新しい計画に替わる。こういう政策のバトンタッチがこの市では行われています。

Ⅲ　「地方公共団体の財政の健全化に関する法律」と「多治見市財政健全化に関する条例」

夕張市が財政破綻を起こしたことと、2007年の6月に成立した「地方公共団体の財政の健全化に関する法律」とはかなり関係があります。夕張問題がきっかけでできた法律ではないのですが、内容は非常に関係があります。同法は、財政状態が行き詰った自治体に対して国のコントロールの下で、財政の健全化に至るようなプログラムをつくって、ひたすら財政を健全化するしかない状態に入る。表現はいいか悪いかわかりませんが、集中治療室に入って、しばらくはそれしか考えないようにしてくださいというのが、この右の「財政の再生」と書いてある部分です。この左側の「健全段階」が「青信号」で、真ん中が「黄色信号」、右が「赤信号」だとよく言われるわけです。

地方財政再建促進特別措置法を見直して新しい法律にした。新しい法律では、たとえば一般会計はそれほど赤字ではないが、下水道ですごい赤字を持っている、宅地造成事業で赤字がある、国民健康保険事業で赤字があるとか、別の財布で赤字があるものも含めて基準にしています。一般会計だけで見たら健全だけど、それ以外のところも足していくと黄色や赤になる自治体も結構あるかもしれない。最近よく新聞をにぎわしているのは、ここはひょっとしたら赤になるんじゃないかという所がある。もっとも赤になりそうな所は、ついこのあいだ給与30%カットを決めて何としても赤にならないように死にもの狂いで財政の健全化を始めようとしています。

財政の再生段階になると、財政再建を一日も早く達成するという計画をつくって総務大臣の同意を得なければなりません。いま何もしないで赤信号の自治体になったら結局給与30%カットの案を持っていかざるを得ない。だったら、今のうちからそういう案をつくって少しでも傷口を広げないうちに早く健全化しましょうと切り替えているわけです。それは正しいですが、ただ大変ですね。

1　自治体の財政悪化を規制する法律

今までの法律では青信号か赤信号しかなくて黄色信号はなかったので、この新しい法律で黄色信号をつくりました。黄色信号は総務大臣の代わりに議会が監視します。議会に対して計画を示し、議会が議決して、議会に対して進捗状況を報告します。赤信号は総務大臣に対するものが加わります。この法律は一言で言うと、とんでもない状態になった団体に対して強制的に財政状況を良くするように促す仕組みであると考えたほうがいいです。ですから、これは国が自治体を規制する法律です。本来それは自治権の侵害ですので、避けるべきです。避けるべきところだが、あえてその必要があるという法律ですので、赤信号はもちろんですが黄色信号であったとしても、財政状態が相当ひどいという状態でないと、国が自治体を規制することは適当ではない。

この法律で、赤信号はもちろんですが黄色信号に引っ掛かる所は極めて不健全な状態であると判断される場合です。市町村は全国で今１８００弱ぐらいです。黄色信号と赤信号は足しても50くらいかなといわれています。数としてはかなり少ないし、最終的にいくつになるかはわからない。この法律は結構インパクトがあって、いまは赤か黄色にならないかを心配していますが、ほとんどの団体は引っ掛からないわけですから、「よかった、うちは関係ない」と安心する。

ところがこれが一番まずい。つまり、健全段階であるというのは、とんでもないわけではないと言っているだけですから、別に「いい」とは言っていない。財政状況が大して良くなくても、そう簡単には黄色にはならない。ましてや赤にはならない。そうすると、左の「青信号」くらいではぜんぜん喜べないし、安心できないとなります。

2　自主的財政健全化ルールとしての条例

この法律を実際に制度設計しておられる担当者がいちばん強調されるのはそこです。この法律は、黄色とか赤は相当悪い所だけを対象にした法律であって、国が自治体に対して枠組みをはめるのは余程ひどいときにだけ認められるということです。自治体の大半は健全段階に入るのだけれども、健全段階の団体であってもそれに満足することなく、自分たちが目指すべき健全な財政状態を不断にめざし、健全財政の定義を自分で定義して、そこに向けて常に財政の健全化を心がけるという自主的な枠組みを作ってほしい。健全段階ぐらいで安心するのは、むしろこの法律の趣旨に反するというわけです。

そうした呼び掛けに、いちばん強く応えたのが多治見市であると思います。私がつくった図1ですが、一番外側の枠はさっきの「赤信号」です。その内側が「黄色信号」です。赤信号や黄色信号に引っ掛からないのは多治見市では当たり前。「青信号」は三つ目で、その中にさらに二つの枠組みがある。多治見市として目指すべき状態が、一番下の黒い楕円にある。その外側が、多治

図１　多治見市の財政運営の目標

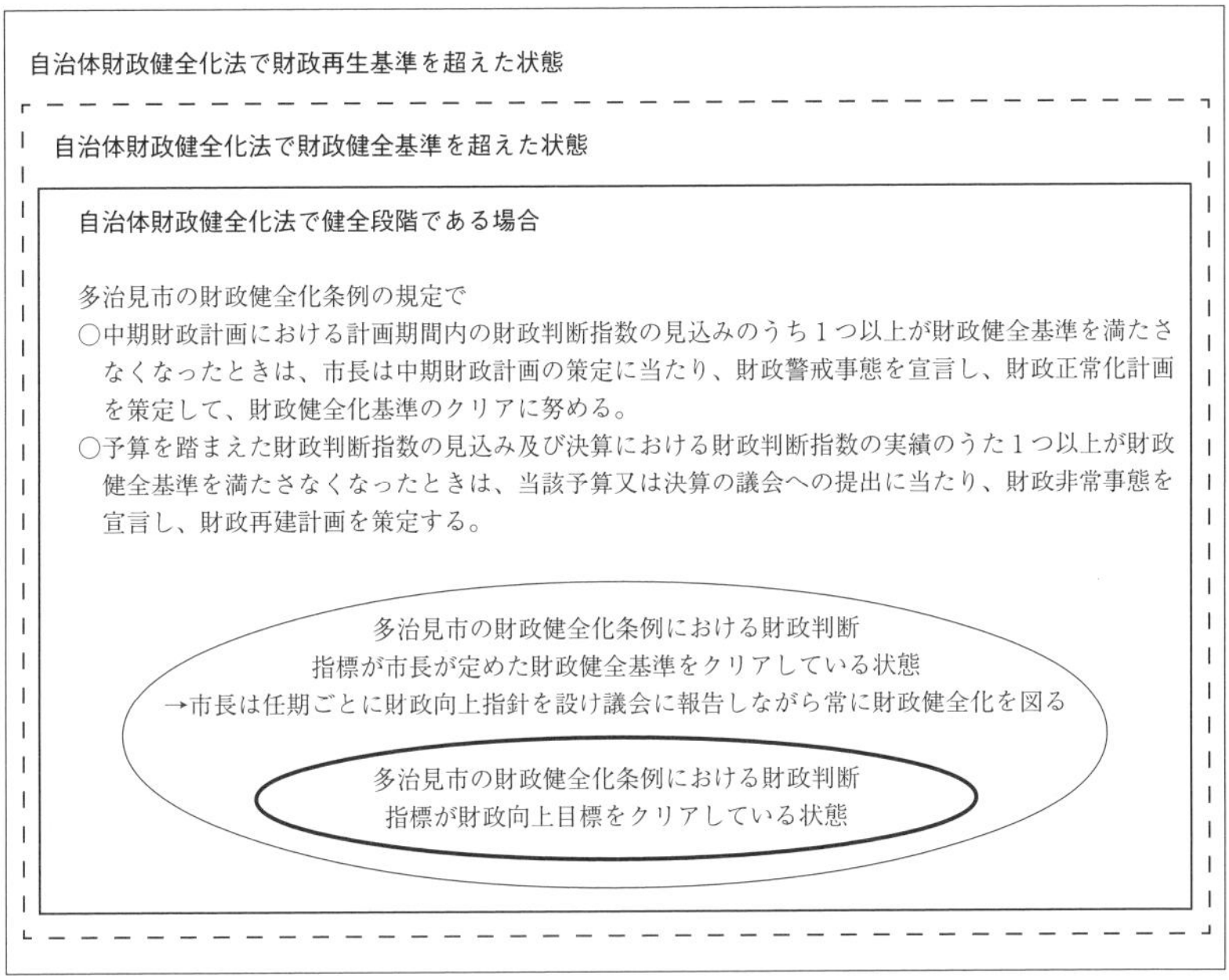
自治体財政健全化法で財政再生基準を超えた状態
自治体財政健全化法で財政健全基準を超えた状態
自治体財政健全化法で健全段階である場合
多治見市の財政健全化条例の規定で
○中期財政計画における計画期間内の財政判断指数の見込みのうち１つ以上が財政健全基準を満たさなくなったときは、市長は中期財政計画の策定に当たり、財政警戒事態を宣言し、財政正常化計画を策定して、財政健全化基準のクリアに努める。
○予算を踏まえた財政判断指数の見込み及び決算における財政判断指数の実績のうた１つ以上が財政健全基準を満たさなくなったときは、当該予算又は決算の議会への提出に当たり、財政非常事態を宣言し、財政再建計画を策定する。
多治見市の財政健全化条例における財政判断指標が市長が定めた財政健全基準をクリアしている状態
→市長は任期ごとに財政向上指針を設け議会に報告しながら常に財政健全化を図る
多治見市の財政健全化条例における財政判断指標が財政向上目標をクリアしている状態

見市が自主的に財政再建をすると決めた枠組みです。その内側にある丸い状態を自分で定義して自ら健全化することを多治見市は条例の形で明らかにした。これが地方自治です。

私がここの場でこういう説明をするのが心楽しいと最初に言いましたのは、地方自治には手作りの良さがあるところです。国は外枠のルールをつくるのみ。それはそれで楽しい世界ではありますが、しょせん裏方であって主役ではない。地方自治はやはり自ら考えて、自ら発想し、あるべき姿を自ら追い求める。そこが地方自治のある種のカタルシス、浄化作用であるわけです。

全国に1800弱の市町村があって、その市町村の中で多治見市が、財政健全化法という国の法律の枠組みができたとほとんど同じタイミング、その法律ができたその6カ月後に、自主的な財政健全化のルールを条例として提出して、地方自治体ここにありと見せたというわけですから、カッコいいわけですよ。玄人受けするんですよ。夜10時か11時のテレビのニュースのトップになることはありませんが。地味ですから。でもいい話です。わたしはこの条例の値打ち、価値を何よりも多治見市民の方に知っていただきたい。私、始まって一時間ちょっと話しましたが、一時間ちょっと話してやっとわかる価値なんですよ。それが本当の値打ちかもわかりません。

条例の概要があります。「世代間の負担の均衡を図る」と書いてあるのは負担を先送りしないということです。第2編の真ん中は、負担を先送りしないことと、わかりやすい説明に努めますということです。第3編に書いてあるのは、総合計画の根拠を示すものです。財政指標の詳しい説明は、今日はいたしません。ご興味のある方は多治見市役所にぜひ尋ねてください。そのときに木で鼻をくくったような説明で「さあ、市民の方に説明するようなものとは違います」と言われたら、きょうの私の話は一切ウソだったと思っていただいたらいいですね。ちゃんとわかるように説明していただけると思います。

この財政指標でなければならないとは思いませんが、この財政指標であれば抜け穴はないと思います。こういう財政指標は抜け穴があると困るんです。抜け穴があるというのはどういうことかというと、二つ以上の財政指標があって、この財政指標はいいけど、ほかの財政指標が悪くなったら実質的に悪くなりますよね。例えば地方債を10年で返していたのを20年で返すようにした。そうすると、毎年の元利償還金は小さくなります。公債費が減ったからすごく良くなったみたいに見えますが、10年ローンも20年ローンも借金の金額は同じですから、10年ローンにして財政が良くなりましたというのは正しいようで正しくないですね。

そのように抜け穴のある財政指標にしてしまうとまずい。この四つの財政指標には抜け穴はないだろうと思います。それが大事なところです。ここで抜け穴があったら、この条例は欠陥条例だとなります。この条例を実際にやってみて、私は抜け穴がないと思いますが、ひょっとしてあったというときには潔く修正しないといけないですね。国でこういう条例をつくるときにはそういう技術論がたくさんあります。初めてのものですから誰も本当に正しいかどうかわからない。若干見切り発車です。これは議会で引き続き検討をいただきたいと思います。

もう一言で終わりにしたいと思います。きのうは議会改革の講演会をされたということですが、この条例は間接的な意味での議会改革であると議会議員の方はぜひ誇りに思っていただきたいと思います。当たり前のことですが、議会は住民代表です。ところが、議会は住民代表であることがときとして忘れられるような不幸な状況が自治体にあります。残念ながら、議会は住民から浮いた存在だと受け止められている状況がある。議会は形骸化している、住民の総意を反映していない、ある種の駆け引きばかりやっていると議会は批判されてきたところがあって、議会人はそこで随分と悔しい思いをしておられると思います。

住民代表たる地位を名実ともに確固たるものにしたいという動きがある中で議会改革、議会としての本来の姿を取り戻そうという改革が各地で行われていて、それをやろうとしています。この市の議会は健全化条例を成立させた。その意味は実に大きいです。

つまり、われわれ議会がきちんと市長を監視して、健全財政を自分たちの責任でやろうとしているわけです。これは間接的には議会改革であると思います。そういう意味で議会の方はぜひ誇りに思っていただきたい。ただ、このルールは初めてのルールです。うまくいかなかったときには建設的な意見を出していただいて、せっかくつくった新しいルールですので議会の責任の下できちんと機能するものに育てていただきたいと思います。議会としてある種の強い責任を取ろうという姿勢を見せていただいたと私は心から敬意を表したいと思います。住民の皆さんもまずそう思っていただきたいと思います。

本音と建前がずれてしまうことは世の中でよくあるのですが、本音と建前を一致させることはとても大変な働きであります。多治見市は全面的というとほめ過ぎになりますが、きょうお話を申し上げた総合計画とか財政の健全化に関しては、本音と建前の狂いを小さくしようという努力をしている。全国に誇れる珠玉のような、とても頼もしい自治体であると思います。住民の方もぜひそれを誇りに思っていただきたいと思います。

どうもご清聴ありがとうございました。（拍手）

自治体における市場化テストの現状と課題

稲澤　克祐（関西学院大学）

はじめに

関西学院大学の稲沢でございます。お話に入る前に簡単に自己紹介させていただきます。

私は、大学院修士課程では、身体障害者のリハビリテーションという勉強をいたしましたので、最初は東京都視覚障害者生活支援センターという社会福祉法人に就職しました。人生中途で視覚に障害を持った方々の社会復帰の指導訓練専門職に就きまして、点字を教え、白い杖で町の中がもう一度歩けるようになる白杖歩行訓練、そしてケースワーカーとして学業復帰や職場復帰、家庭等への復帰を支援する仕事をしておりました。

その後、群馬県庁に職を変えました。群馬県庁の中では福祉の職というよりも、総務部の職を中心に渡り歩くわけですが、その中で特に財政の仕事、予算査定もやっておりました。そういう財政の仕事をしていたところで、今日の話に直接つながるのですが、地方公務員として2年間ロンドンで暮らしなさいという人事異動がありまして、ロンドンで2年間を過ごすことになりました。そこが私の市場化テストとの出会いですが、１９９５年、１９９６年、１９９7年3月までイギリスに行って、現役の地方公務員としてさまざまな自治体や国の機関を訪ねて歩くことを経験いたしました。

実際にイギリスの自治体に行きますと、かなり急進的な改革が進められていました。皆さんもご存じのマーガレット・サッチャーという鉄の宰相が登場して、公共部門改革を１９８０年ぐらいから、かなり急進的に進めているという話は私も聞いていました。が、イギリスの自治体を訪ねて歩くようになると、どこの自治体のどの部署に行っても、必ずと言ってよいほど置いてあるファイルがありました。分厚いファイルでＣＣＴと書かれています。「これは何だ?」と聞くと、答えたくもないというような非常ににがにがしい顔をして教えてくれました。「コンパルソリー・コンペティティブ・テンダリング（Compulsory Competitive Tendering・強制競争入札）というもので、あのマーガレット・サッチャーが導入したのだ」と。

ＣＣＴ（強制競争入札）とは、「地方自治体の職員は自らの仕事をそのままやり続けたいというのであれば、民間企業との競争入札に自らも参加して、民間企業に勝たなければ今の仕事を続行できない。公共サービスの質と価格の両者から民間企業と比較して、官のほうが優れていると判定が出ればそのまま自治体の仕事になる。もしそうでなくて、民のほうが優れているという結論が出れば民間企業への委託という形になって、もはや直営はできなくなる」という制度なのです。まさに、「法律で必ず義務づけられる」という意味で、「強制」という名前がついた制度でありました。

とんでもない制度ができているのだなと、つくづく自分は日本の公務員でよかったと思いました。それはそうですね。常に勝ち負けで決められる競争原理を胸元に突きつけられているわけです。そういう制度が既にだいぶ定着してきている。とにかく廃止してほしい、というような話をイギリスの自治体職員から聞いたわけです。

そのあたりが、私と市場化テストとの出会いです。この市場化テストという名前は、マーケット・テスティング（Market Testing）という英語の翻訳でありまして、私の恩師にあたる四日市大学の竹下譲先生が見事に訳しあげた日本語ですが、今度は、日本の自治体にも上陸することになりました。ただし、「強制」ではなくて自治体の「任意」です。すなわち官か民かの競争ということも含めて、この市場化テストの導入は自治体の任意でということでありましたので、制度としてはイギリスとは似て非なるものが導入されたわけです。

ところで、世論調査では、「市場化テスト」という名前は、知名度がだいぶ低いという結果が出ていますが、それでも少しずつ浸透してきたのも事実だろうと思います。まして自治体の皆さんであれば、市場化テストという言葉はほぼご存じのことと思いますが、その市場化テストの実態がどのようなものであるのかは、時を経るにつれて、その射程を広げてきています。

現実に、市場化テストの誕生の地であるイギリスにおいても、時代の流れと環境の変化によって、市場化テストは、生まれたときの状況から少しずつ変化してきております。皆さんもご存じかと思いますが、市場原理というものを強く前面に押し出したニューパブリックマネジメント（新しい公共経営）が、１９８０年代からイギリスの行政改革の核心となりましたが、それも、90年代になりますと、できる限り官と民の協働を進めていこうというＰＰＰ（Public Private Partnership・公民パートナーシップ）という方向に、だんだんと舵を切ろうとしています。その中で、市場化テストの位置付けも少しずつ変化してきているというのが実態です。

そして、日本では、法律ができてそろそろ2年になる頃ですが、自治体の市場化テストには、今どんな動きが見られるのか。結論を先取りして申し上げれば、市場化テストは官民競争を意味するマーケット・テスティングの訳だと言いましたが、それが自治体では、広く「協働」のところまで話をもっていこうとする動きまであります。そういうところまで含めて、前半では市場化テストの内容と実態をご説明します。そして後半は、現実に市場化テストに取り組もうとすると、どういう論点と課題があるのかをご説明します。

Ⅰ　市場化テストの基本的理解

1　公共サービスの市場化と市場化テスト

（1）市場化テストの定義

まず、市場化テストの言葉の定義を、「官民の双方の優位性を検証し、各々が得意とする業務に特化することで、公共サービスが最も経済効率性の高い形で提供されることを目的とした官民競争の枠組みを構築すること」としておきます。

この意味は、公共サービスと言われるものは広くあまたあるわけですが、それぞれの公共サービスの担い手として適切な主体に担っていただこうということなのです。それはどういう主体かというと、公共サービスの質を向上させることができて、かつ公共サービスにかかるコストを削減することができる。そういう提案を行えて現実に実行することのできる主体にやっていただこという考え方です。

このあたりは、日本、イギリス、北欧等さまざまな国を比べてみると、日本と日本以外の国、特に英語圏を中心とした国とで、公共サービスについての考え方が若干異なっています。そのあたりを説明しておかないと、なかなかつかみづらいかと思います。

パブリック・サービス（public service）を英英辞典で引いてみると「地域社会全体の便益もしくは便益のための仕事。公営の、もしくは私営の仕事」が第一に出てきます。その次には「公共の利益のために提供されるサービスを言う」と定義されています。ここには、「公共機関が実施するサービス」とか、「公務員が行うサービス」という言葉は姿を現さないのです。

ところが、日本語の辞書で公共サービスを引くと「人々の福利に対する公共機関のサービス」となって、「公共機関の」が前面に出てくるわけです。つまり、日本には、「官と民をはっきり分けて考えましょう」という官民の二元論がある一方で、英語圏の国々を中心にして、官民一元化論の立場をとっていると言えるでしょう。

公共サービスを担うのは官であるという考え方が古くからある国と、そうではなくて、パブリック・サービス自体の担い手を一定に決めておかないという考え方の違いがあるところから、市場化テストの定義では、「官民の双方の優位性を検証する」ということになるわけです。

すなわち、パブリック・サービスを市場化テストする、マーケット・テスティングするというのは、今行われている公共サービス、パブリック・サービスの提供において、その質を向上させ、経費を削減できる者を決定する仕組みというふうになるわけです。公共サービスの供給者が官庁であるか、あるいは民間企業であるか、ＮＰＯ法人などであるかということを決めていく仕組みだとご理解ください。まずこれが言葉上の定義です。

（2）イギリスの自治体における強制競争入札

それでは、イギリスの自治体における市場化テストである強制競争入札について振り返っておきましょう。**図表1**にイギリスの例が書いてあります。サッチャー政権が誕生した１９７９年の翌年、１９８０年に、全自治体に官民競争入札を義務づけるという地方自治法の改正が行われました。そして、現実に一つ一つの公共サービスが指定されて、「官庁がこのサービスを行いたければ民間企業との戦いに勝ちなさい」ということが義務づけられたわけです。

「公共サービスの調達について、官民競争入札以外なしと法律で国が決めること自体が地方自治の本旨に背く。どういうふうにサービスを調達するかという観点については、あくまで自治体が自らの意思で決めていくべきだ。」という議論は、イギリスでも当初から根強くございました。し

図表１　イギリス自治体における強制競争入札

時期	強制競争入札対象サービス
1980年	建築請負、公共建築物維持管理、道路維持管理（２万５千£超）、５万£超の下水建設
1988年	ごみ収集、公共建築物清掃、道路清掃、学校給食、社会福祉施設給食、その他施設給食、公用車維持管理、グランド維持管理
1989年	スポーツ・レジャー施設維持管理
1994年	路上駐車場（パーキングメーター）管理、施設保全、公営住宅維持管理、法律関連事務、建築設計、不動産関連事務
1995年	情報処理、財政、人事（注：法定されたものの、全面実施には移されていない）

（出所）稲沢（2006年）p53, 表3-3

かし、いったん決まってしまった法律ですから、法律を覆すことはできず、全自治体が１９８０年から次々と導入を進めていくわけであります。

ところで、私は、官民競争入札という公共調達の一手法が、実際にはイギリスの自治体のマネジメント全般を変えるという「効果」が現れたと、考えております。実際、イギリスでは、「サッチャー政権が誕生して10年経つ中で、イギリスの自治体はもう後に戻れないぐらいに変わってしまった」と言われています。この指摘は、２つのことを言っています。一つには、広域自治体を廃止して基礎自治体だけにするという改革を進められたことが起因しております。それまでは、県と市という二層性をとっていたイギリスが、スコットランドとウェールズの全域とイングランドの一部で、県がなくなって市だけになってしまったという状態を指しております。

もう一つは、この強制競争入札の話なのです。まさに、自治体職員は、民間企業がどういうサービスの質を提供し、どの程度のコストでこれを行えるかということを常にウオッチしなければいけない。そして、あちらに勝たなければこちらの職が向こうに委託という形で移っていく。この状態に立つわけですから、どうするかというと、まず、正確なコスト算定のためには、公会計改革を一気に進めなければいけないわけです。こちらのコストを現金主義会計で積算して、発生主義による民間のコストと比較するなどということをやっているわけにはいきませんので、発生主義へとどんどん移行していかなければいかんということで、1980年代には既に発生主義会計が経常的収支会計に導入されております。

それから公共サービスの質と簡単に言いますが、言葉で言っていたのでは質は比較できませんから、できる限り公共サービスの質を定量化して、数値で表すようにという改革も自治体が自発的に進め、それが国の制度となって1991年にシチズンズチャーター（Citizen's Charter・市民憲章）という形になって、公共サービスの質を数値で測定するということを全自治体が行っていくようになっています。すなわち、日本で言う行政評価が全自治体に一斉導入されたわけです。

そして、次は自治体の組織改革であります。自治体というところは、イギリスも日本も同じように間接経費の比重が大きくなっていますね。民間企業の間接経費は15～20％と言われていますが、公共部門ですと20～30％前後です。公共部門では、マンパワーを中心とした仕事が多いわけですから、当然間接経費も多くなるのはよくわかることですが、その大きな間接経費を配賦するということは、イギリスでも行われておりませんでした。そこでイギリスはどうしたかということですが、できる限り、組織を契約の対象にできるような形にしておく。大きい組織を持って縦にがっちり固めてしまうのではなくて、仕事によって組織を括っていきました。そして、官と民が競い合う業務をさらに一括りにして、それを官民競争入札対象サービスと言ってもいいと思いますが、官民競争入札対象サービスを実行する部署と、それらの部署のためだけに存在する人事・企画・庶務といった総務部門という形で、さらなる括り出しをしたわけです。

そうすると、間接経費の算定が非常にやりやすくなるし、また、契約の相手方としても、官民競争入札対象部局が民間企業との競争に臨むのだということがはっきりわかるわけです。そういう組織の細分化、すなわち、契約に適した組織にすることは、縦に大きい官僚制ではなくて、できる限り小さな組織、即決して動けるようなフラットな組織という形に変わるわけです。

こうした自治体のマネジメント改革を進めていったのは、多くが民間企業からリクルートされた、いわゆるコンサルタント、あるいは民間企業の人事経営を司ってきたベテランの民間企業社員だったと言われております。

こういう人たちが、公共サービスの質を高め、経費を削減するためにマネジメントが必要ということを徹底的に考えていきました。そうした動きも含めて、民間の経営手法を官に活用して、公共部門の刷新を図る改革が、１９９０年代前半から、ニューパブリックマネジメント（新しい公共経営）と呼ばれるようになったのです。そして、これこそ、公共部門改革の決め手であると世界各国に伝播していったのでしょう。

官民競争入札という、公共調達の改革であったはずのものが、新しい公共経営を動かしていく一つの起爆剤となって、そして実際に自治体においてもマネジメントという言葉が、当たり前のように語られるようになったというのがイギリスの現実です。その一方で、地方自治の本旨に反して、公共調達のあり方を法律で決められてしまうという批判も起きたのが、イギリスの自治体における市場化テスト導入初期の様子です。

2　官民パートナーシップ（ＰＰＰ）における市場化テストの位置付け

（1）欧米の行政改革・・新しい公共経営（ＮＰＭ）からＰＰＰ

先ほど、「市場化テストの誕生の地であるイギリスにおいても、時代の流れと環境の変化によって、市場化テストは生まれたときの状況から少しずつ変化してきております。」と申し上げましたが、このことをもう少し説明します。市場化テストは、ニューパブリックマネジメント（「新しい公共経営」、ＮＰＭ）の改革ツールといわれていますが、ＮＰＭは、次の4点を核心としています。

第1は、できる限り成果／業績を重視していき、そのために組織に裁量権を与えること。成果を上げるのは誰かというと、担当部局ですが、一方で、人事、財政、総務が人とお金を握っています。実際に仕事をするのは現局であるのだから、できる限り現課、現局に、人とお金の配分や執行方法などについて、裁量を与えようという、すなわち、現場の裁量を拡大するということです。

第2は、公共サービスの担い手として適切な者は競争原理によって決めましょう、ということです。官と民の比較で決めていく。あるいは官官比較で決めていく。民民比較で決めていくということであります。

第3は、先ほど申し上げた組織をできるだけ簡素なものにする。官僚制のがちがちの、縦に大きくて動きの取れない組織ではなくて、できる限り組織をフラットにして、住民から、「このサービスにはこういう問題点がある」と言われれば、そのサービスについての改善を即座に判断できるように組織をフラット化していきます。

第4は、組織をフラット化するにしても、成果／業績を決定していくにしても、すべては住民を顧客と見るところから始めるという「顧客主義」です。

成果／業績による統制と、組織への分権化、そして競争原理を導入して組織のフラット化を図る簡素化、そして顧客主義。この四つを基盤にして、イギリスを中心とした国々は改革を進めていくわけであります。公共部門にとってはこれまでにない考え方もかなり盛り込まれた改革でありましたので、伝播する速度も速かったのですが、いくつか問題点が現れてもきました。

まず、イギリスの自治体では、強制競争入札の導入以前は、ほとんど直営で行われていましたが、それが、官民競争入札を経て、民間委託も進められるようになってきました。そうすると、公共サービス供給者がかなりばらばらになってくる。今までは役所一本だったのが、役所あり、NPOあり、民間企業ありという状況になってきます。すなわち、たとえば、児童サービスでは、対象となる子どもに対して、それぞれ別々のサービス供給者が児童関係のサービスを提供していくということです。こうした事態に直面して気付いたことは、「この地域では、子どもの環境をどうしたいのかという大きなミッション（使命）をお互いに共有して、どういうところまでやるのかというゴールも共有することができていない。さらに、お互いに何ができて何ができないか、という議論を徹底的にやっておかないと難しい」ということでした。

そうすると、1990年代からこうしてバラバラに細分化された公共サービスの提供者間をつなぐ考え方として、2つのアプローチが現れてきました。一つは、今まであまり考えてもいなかった自治体のコーポレートプラン（総合計画）を作ろうではないか。その中で私たちが子どもやお年寄りに、そして、自然環境に何をするかということを考えていき、それをお互いの共有の言葉としようじゃないか、ということになりました。そして、共有の言葉は、できる限りわかりやすくてチェックができるものがよろしいということであれば、それを数値目標という形にしようではないかという動きになってくるわけです。ですから、イギリスの自治体のコーポレートプラン（総合計画）は、数値を持った目標が必須になるわけです。

2つ目は、パートナーシップです。イギリスで、私が自治体の職員に対して、こんなことを何度か聞きました。それは、「日本でパートナーシップは、そのままパートナーシップとなっていて、日本語訳がないのだけれども、実際は、どういう意味だろうか」と質問ですが、それに対して、「お互いがお互いのやるべきことをやるのがパートナーシップの原義である」というような答えがいろいろな形で返ってきました。この言葉の意味は、「パートナーシップとは、民間企業や官庁や個人、さまざまな人たちがいるわけですが、その人たちの対等な関係が最も大切な理念なのだ、大切であればこそお互いがやるべきことをやると言い切れるのである」ということなのでしょう。

つまり、市場原理を強く進めたがゆえの揺り戻しで、総合計画による数値目標の共有とパートナーシップいうことが自治体に登場してくるという整理ができます。それでは、市場原理に基盤を置く市場化テストの位置付けをどうするか、ということを考え直す必要も出てきました。と、申しますのも、昨年辞めましたが、ブレアさんが1997年の選挙のマニフェストで、不評だった強制競争入札の廃止を宣言しました。そして、政権の成立後、現実に廃止されるわけですが、労働党政権は、廃止に際して、こういうことを言っていました。「われわれは官庁が公共サービスの最適な担い手と最初から考えてはいない。最適な担い手は必ずどこかにいるけれども、それが官庁である保証はない。官庁は、もし自分が最適であると考えるなら、最適であることを示していただきたい。」

さらに、ブレア政権は、市場化ゆえに生じた公共サービスの担い手の分裂・分断化というような現象を克服しようと、先ほどの「パートナーシップ」という言葉を自治体改革のキーワードに据えました。主体間の対等関係というパートナーシップの理念の下で、一つの目標にともに進んでいくというコラボレーションという実態を求めたわけです。その中で、官か民かを最初からはっきり決めておかないというのであれば、官あるいは民がということを決める仕組み、あの市場化テストをどこかに位置付けなければいけないということになりました。

（2）公共サービスの改革と市場化テスト

図表2は、こうしたNPMからPPPへの流れを受けて、市場化テストの位置付けを示したフローチャートです。まず、一つ一つの事業について、事業の継続性があるかないかを検討しよう。そして、継続性がなければ廃止をする。継続性があっても民営化が妥当かどうか民営化の是非を考える。つまり、継続性意義はあるから廃止はしない。しかし、官の責任から離れて民がやるべきだということであれば、民営化したほうがよろしい。継続性もあり、そして民営化できないという仕事が官に残るわけですが、その中で官がやるべきなのか。官がやるとしたらどういうやり方がよろしいのか。あるいはどちらもそれは決定できないのかという、いろいろなことが出てくるわけです。

官がやるにしても直営でやるのではなく、民間委託できないか。民間委託ができないのであれば、独立行政法人という形で、企画と執行を離したうえで、できる限り民間手法でやることはできないかという検討を行う。どれもなかなか決められないということであれば、市場化テストで、官直営がよろしいか、民間委託がよろしいかを決めていくことになります。実際に、こうした形

図表2　公共部門改革のフローチャートにおける市場化テストの位置付け

対象事業の特定
↓
事業の継続性の是非 → 継続性　無→ **事業廃止**
↓継続性　有
民営化の是非 → 民営化妥当→ **民営化**
↓民営化は不適切
民間委託　または　市場化テスト　または　独立行政法人化　の検討
↓
① **民間委託**：応募書類作成→入札応募→入札→委託業者確定→モニタリング
② **市場化テスト**：応募書類作成→入札募集→官民双方の応札→官民競争入札の評価→民間部門の落札→モニタリング→：公共部門の落札→モニタリング
③ **独立行政法人化**（エージェンシー）
独立行政法人化業務についての検討→市場化テストの応募書類作成へつながる
↓
事後検証 → 事業の継続性の是非　に戻る

（出所）稲沢（2006年）p15, 図1-3

で民間委託を最初から決められたり、あるいは独立行政法人化されたり、あるいは官民競争の結果、官が直営で行うと決められたり、民間に委託されたりすることになります。

この**図表2**は、イギリスの内閣府作成によるものです。今言ったように、ただ単に市場化テストをやればいいだろうというように進められた1980年代から、市場化テストはパートナーシップの考えが入ってくる中で、公共サービス改革のためのアプローチと位置づけられました。そして、公共サービス改革とは何かといったときに、今あるサービスの中で廃止すべきは廃止し、そして残ったサービスについても官の責任が一切必要ないものは民営化し、廃止もせず民営化しないものについては、その担い手を民間委託と最初からしたほうがよろしいか。それとも官の中でも地方独立行政法人として、民間企業で言えば分社化のような形態にしたほうがよろしいか。どれも決着がつかないのであれば、市場化テストでそのあり方を決めるという形で、少しずつ一つ一つの事業について仕分けをしていく考え方であります。さて、この**図表2**は、実は、昨年公表された「多治見市市場化テストガイドライン」に掲げられている以下の図表（**図表3**）の考え方と大変類似していることに気付きます。

なお、多治見市をはじめ、こういったガイドラインを設けておられる自治体は、全国に出てきております。多治見市のガイドラインのように、タイムテーブルまで含めて具体的になっているところもあれば、フレームワークを作りましたというガイドラインもあります。

これは廃止、これは民営化、これは民間委託、どれも決着がつかないから市場化テストといった形で一つ一つを仕分けしていく。その仕分けについては、できるかぎり質を数値特定し、コストを計算して、その比較で決めていこう、その決定も第三者機関を通じていこうではないかという仕組みです。

さて、発祥の国イギリスにも、こういう経緯がある中で、日本に導入されたわけですが、まず

図表 3　多治見市における市場化テストの考え方

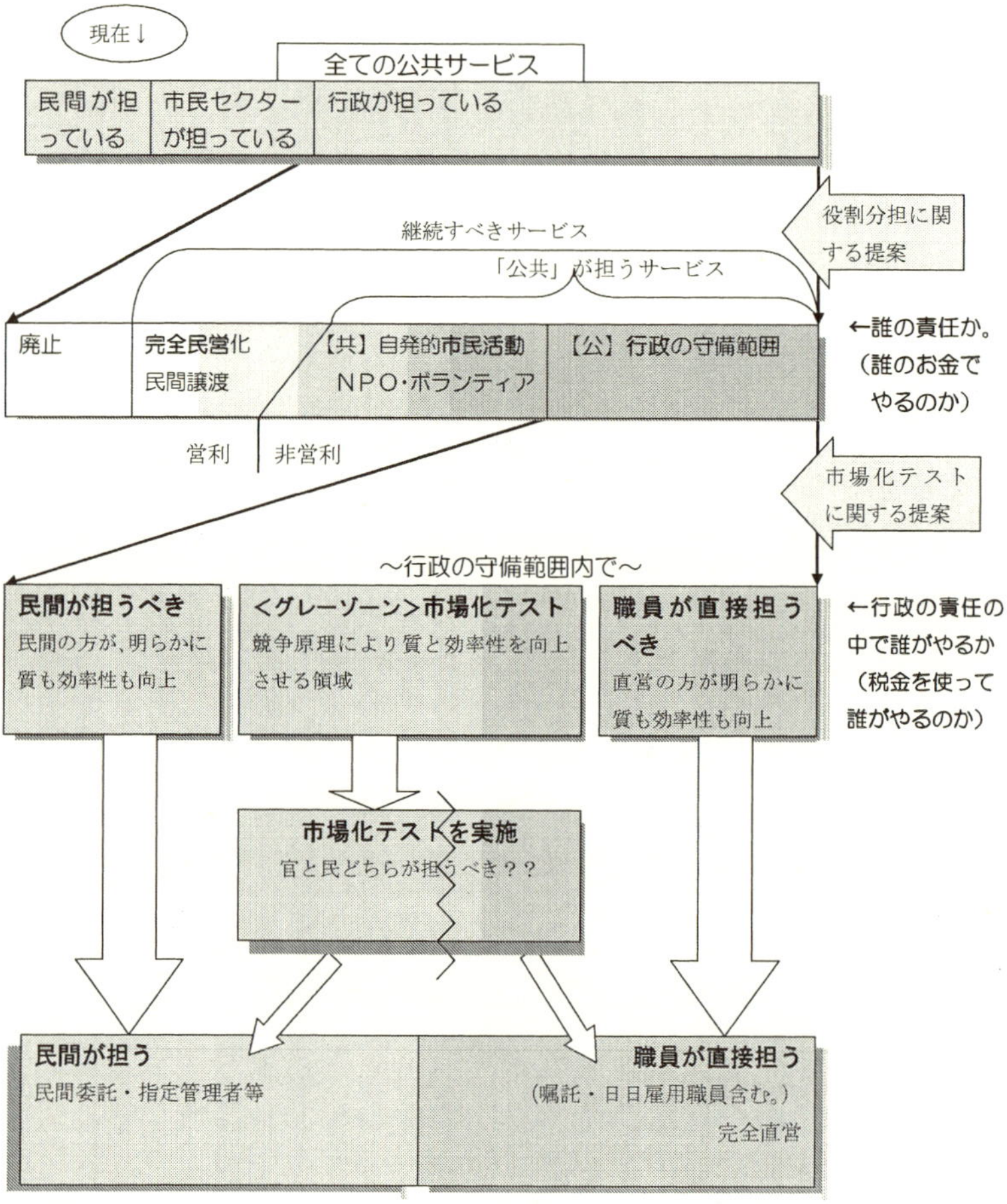
現在↓
全ての公共サービス
民間が担っている
市民セクターが担っている
行政が担っている
役割分担に関する提案
継続すべきサービス
「公共」が担うサービス
廃止
完全民営化
民間譲渡
【共】自発的市民活動
NPO・ボランティア
【公】行政の守備範囲
←誰の責任か。(誰のお金でやるのか)
営利
非営利
市場化テストに関する提案
～行政の守備範囲内で～
民間が担うべき
民間の方が、明らかに質も効率性も向上
<グレーゾーン>市場化テスト
競争原理により質と効率性を向上させる領域
職員が直接担うべき
直営の方が明らかに質も効率性も向上
←行政の責任の中で誰がやるか(税金を使って誰がやるのか)
市場化テストを実施
官と民どちらが担うべき??
民間が担う
民間委託・指定管理者等
職員が直接担う
(嘱託・日日雇用職員含む。)
完全直営

(出所) 多治見市 (2007 年) p5, 別図 1

皆さんに申し上げておきたいこと、確認しておきたいことは、市場化テストが導入された2006年7月以前の日本の自治体の状況についてです。

イギリスの場合は、1980年に導入した理由が、徹底的に直営堅持と言っていた自治体に対して――これは全自治体がほとんどそうだったわけですが――民がやるべきは民でという市場原理の徹底的な追求をさせることだったのですが、果たして、日本の自治体は、そのような現状と比較すると、どうなのか。

これは皆さん感じていると思いますが、先ほどの**図表1**を見て、自治体の方であれば、「なんだ、こんなものはわれわれの自治体は既に民間委託しているぞ」というものが並んでおります。すなわち、イギリスでは、1994年になって、施設の保安、公営住宅維持管理、法律関連事務、建築設計、これを官民競争入札しなさいと言っているわけです。私の手元に1986年の旧自治省の資料があります。1985年当時の日本の自治体の外部委託の調査です。庁舎の清掃等は市町村規模、政令市等の差はありますが、大体51～90%が外部委託している。そして、いわゆる給与計算、経理の仕事も60%前後と外部委託が進んでいる。また、建築物の設計については、94%という高い数字が出ています。すなわち、いわゆる行革先進国などと奉られているイギリスで、かなり行革が進んだ1990年代の状況と、1980年代半ばの日本の外部委託の状況を比べると、それほど遜色がないのだということであります。

さらに、日本の自治体では、１９９９年のＰＦＩ（Private Finance Initiative）法、そして、ご存じのように２００３年9月の指定管理者制度の導入と続きます。ただでさえ他国に比べて民間委託がかなり進められていた日本の自治体は、だいぶアウトソーシングの規模が大きくなってきている。その上での２００６年の市場化テスト法の導入です。ですから、単にアウトソーシングの規模拡大ということを超えて、市場化テストの意義や位置付けを考えることが必要なのだと考えます。つまり、ただ単に、官業の解放あるいは官民競争を導入するのだということではないのです。官民競争すること自体が目的ではないはずであって、この市場化テスト法の置かれる位置を、日本の自治体ではしっかりと考えておくべきなのです。これまで民間委託を進め、指定管理者制度で公の施設の管理運営についての規制改革を行ったわれわれの国がどんなふうに進んでいくのか、自治体はどんなふうに進んでいくのかを市場化テストで考えていこうというふうになるべきだろうと、私は思うわけです。

3　わが国における市場化テスト導入の経緯

まず、簡単に市場化テスト導入の経緯を簡単に見ておきます。

２００２年７月のあたりから、経済活性化のために規制改革を重点的に推進すべきという動きが活発になりました。この意図するところは、いわゆる国民の資源、私たちの資源というものを公共財か民間財かどちらかに割り振る、その割り振り方を最適なものにする、ということです。つまり、公共がやるべき仕事、民間がやるべき仕事という現在の状況が、本当にそれが最適な状況なのか。本当は民間事業者がやるべきところを官庁がやっていないだろうか。そういったところを確認していくために、一つの方向性として規制改革を行ったり、あるいは官民競争を行ったりしていこうという方向付けになってきたわけです。

こうした話を経済効率性という言葉で呼んでいるわけですが、経済効率性と言った場合には、公共財、民間財の資源配分を最適なものにするという意味で言っているわけです。経営効率性という場合の効率性と、その意図するところは異なります。経営効率性というと、投入する量とそこから行う仕事の量の比をできる限り最小にしていく。例えば、三百万円で六十回の講習会を行うのに対して、百五十万円で六十回の講習会を行ったほうが経営効率性は高いというわけです。経済効率性はそれと全く異なるアプローチであり、公共財と民間財の配分が社会にとって最適になっている状態なのかということです。先ほどのブレア首相の言葉で言い換えてみると、公共部門に対しては、そもそも公共サービスの担い手として最適な者が選定されているのだろうか、という疑問を投げ掛けていくことです。

さて、わが国では、２００５年12月になると、規制改革・民間開放推進会議の最終答申において、市場化テスト法のあらすじが見えるようになりました。そして、２００６年から国において、市場化テストモデル事業という形で進められました。一方で、２００６年7月に、「公共サービス改革法と競争原理の導入による公共サービスの改革に関する法律（以下、「公共サービス改革法」）」、いわゆる市場化テスト法が成立して、そして、２００７年度現在、国においては、市場化テストがさらに広く行われるようになってきました。

4　自治体における市場化テストの実態

（1）市場化テストの定義の拡大

このように、まずは国が中心となって動いているように見える市場化テストです。それでは自治体においてはどうなのかと申し上げますと、私は最初に、「この市場化テストというのは、マーケット・テスティング、すなわち、官民競争である」とイギリスの定義を言いましたが、日本ではその市場化テスト＝官民競争という語義をさらに拡大して、市場化テストの名の下に公共サービスの改革を行おうとしているというのが現実であります。実際、法律の名称も「市場化テスト法」ではなく、「公共サービス改革法」です。その言葉の広がりがどのくらいあるかというと、一番狭くとらえれば、この法律を適用した官民競争入札と民間競争入札を指すのですが、残念ながら、自治体には事例がございません。そして、もう少し広い捉え方は、公共サービス改革法によることなく官民競争入札を行うということです。あるいは入札をとらない官民競争ですが、官民競争という言葉がはっきりと打ち出してくるところに特徴があります。このぐらいになってくると東京都庁、愛知県庁、和歌山県庁といったところで、既に事例が出ております。さらにそれが広くなってくると、民間事業者から公共サービスの改善提案を受けて、その改善提案を基にさまざまな事業構築をしていくというあり方で、大阪府や我孫子市、杉並区、この近くですと高浜市等が取り組んでおられます。さらには、「『協働化テスト』といって、市場化テストとは一線を画す」という佐賀県と、「『協働化テスト』も市場化テストに含む」という足立区、という形で広く

図表4　法令の特例の有無からみた自治体の市場化テスト

	自治体が実施する「官民競争入札」	自治体が実施する「民間競争入札」
法令の特例あり（「特定公共サービス」）	公共サービス改革法で規定	公共サービス改革法で規定
法令の特例なし（「一般公共サービス」）	現行の地方自治法等において対応可能	現行の地方自治法等において対応可能

（出所）稲沢（2006年）p9, 表1-3

図表5　自治体の特定公共サービス

①戸籍謄本等の交付の請求の受付及び当該請求に係る戸籍謄本等の引き渡し
②地方税の納税証明書の交付の請求の受付及び当該請求に係る納税証明書の引き渡し
③外国人登録法に基づく登録原票の写し等の交付の請求の受付及び当該請求に係る登録原票の引き渡し
④住民票の写し等の交付の請求の受付及び当該請求に係る住民票の写し等の引き渡し
⑤戸籍の附表の写しの交付の請求の受付及び当該請求に係る戸籍の附表の写しの引き渡し
⑥印鑑登録証明書の交付の請求及び当該請求に係る印鑑登録証明書の引き渡し

（筆者作成）

なっております。

既に、市場化テストが官民競争というスコープを超えてしまっているのは、皆さんお気づきだろうと思いますが、市場化テストの名の下に、自治体の皆さんが公共サービスの改革を行おうとしている。その行おうとしている方向は、先ほどの**図表2**にありましたが、事業を一つ一つ仕分けをしていって、その仕分けの中から官民競争がよろしいのか、官民協働の事業構築をしたほうがよろしいのか、民間委託がよろしいのか、というところを考えている中で、市場化テストをとらえていっているのではないかと思います。

さて、今日初めて市場化テストの話を聞く方々は、「公共サービス改革法によるとかよらないと言っているけれども、これは何か」と思われると思いますが、「公共サービス改革法によって、自治体が官民競争を行う」ということは、法令の特例を設けて行うということです。すなわち、現在、民間事業者は行うことができないとされている公共サービスについて、法令の特例を設けて、実施可能にするという場合については、「公共サービス改革法による」という言葉で表現されます。なお、その規制がないものについては、この法律によらないで自治体の規定で行っていただければよろしいということで、その法令の特例を設けるものについては「特定公共サービス」、設けないものについては「一般公共サービス」と呼んでおります（図表4）。なお、「一般公共サービス」という言葉が法律にあるわけではなくて、私が「特定」に対して「一般」と付けただけです。

公共サービス改革法による市場化テストの事例としては、まだ現れている現状ではありませんし、この法令の特例自体が、**図表5**に示すとおり、非常に限られたものでありますので、自治体の皆さんにとって関心が高いのは、この法律によらない官民競争、さらにはそれを広げた民間提案型の事業改善というところだろうと思います。

（2）自治体の市場化テスト取組事例

それでは、自治体の市場化テストの取組事例について、もう少し具体的にご説明しますと、現状は、「民間提案型」と「官民競争型」の2つに分類できます。

【A　民間提案型】

民間提案型にも、①民間提案型アウトソーシング、②民間提案型公共サービス民営化制度、の類型があります。

①民間提案型アウトソーシング

これはどういうのかというと、まず、市場化テスト対象の業務について、民間事業者から改善提案を受けるわけです。実際に受けた改善提案と、役所からも改善提案を出してもらって、それを第三者委員会が比較するわけです。「この提案のほうが今の公共サービスをより質高く、コスト削減してくれるだろう」という視点から、仮に第三者機関が民の提案の方が優れているとした場合には、その提案者も含めて改めて民間競争入札を行って民間委託をする。官の提案が優れているとなった場合には、官の提案のとおりに進めていただくという形です。つまり、改善提案を前提にするというものであります。これは大阪府や熊本県などで取組事例があります。

②提案型公共サービス民営化制度

同じように提案型ではありますが、官か民かという二極対立の対案を前提にするのではなくて、千葉県我孫子市、東京都杉並区、愛知県高浜市などでは、提案型公共サービス民営化制度を導入しています。これは、我孫子市の名称ですが、まず行政評価資料を公表して、全事業について民間事業者等から改善提案を受け付ける。その改善提案はあくまでも改善提案ですから、「廃止したほうがよい」というものも出てくるわけです。あるいは「民営化したほうがよい」というものも出てくるわけです。あるいは「すぐに民間委託すべきだ」、あるいは「これは官民協働で行うべきことなので、そのプラットフォームを、一緒に話し合う場所を作っていただきたい」という提案もあるわけです。あるいは、「われわれ民間事業者から見ると、官直営のままが良いと思うけれども、改善の個所がこれだけある」というご提案もあるわけです。そういうさまざまな改善提案について、第三者委員会が各担当部署の意見を聴取しつつ、以下の判断をします。つまり、「これは受け付けられる」、あるいは、「これはもう少し話し合ってみないとわからない」という形で方向性を出して、実際にその結果によって民間競争入札が行われたり、直営のままでの改善がなされたり、または、協働を進めていくことになるというものであります。ここでも、まず根底に民間提案があるということです。

【B　官民競争型】

さらにもう一つは官民競争型。こちらはまさに官と民との競争です。お互いに入札という場で、官と民とが公共サービスの担い手を決定するということで、私自身、愛知県が平成19年度に行ったモデル事業のお手伝いを若干しておりました。

その内容を簡単にご説明します。まず、この事業はモデル事業ですので、非常な制約がありました。その制約の中で進めたこともご理解いただいたうえでお聞きください。

委員会は、どうやって進めて誰を決めるかという判断をする場所ですが、この委員会は全員外部の人間であります。大学教員、民間コンサルタント、民間企業の役員、そして公会計についてよくご存じの公認会計士と、契約調達等について造詣の深い弁護士という5人構成で、官民競争を進めていくお手伝いをしよう、と。

進め方ですが、まず発足前に民間事業者から提案を受けました。官民競争入札の対象について、すなわち「これだったら官民競争で勝てば、われわれが担えると考えられる事業を挙げてください」と言ったら、34事業が出てまいりました。そして第1回の委員会では、その中からモデル事業として官民競争入札の候補事業を6事業選定しました。

なお、この選定の中で、「この事業は何も官民競争入札ではなくてそもそも廃止すべきものではないのか」というような議論も行われたことは確かであります。ここで、図表2のフローチャートを思い浮かべていただきたいと思います。廃止すべきは廃止すべしと。何も廃止すべきものまで官民競争入札で存続させる必要はないわけでありまして、委員会の権限を外れているため、特にわれわれから強く言う話ではなかったのですが、それを申し上げたわけです。

そして6事業が残り、その6事業の中からいわゆる公務員の大きな配置、もし官側が負ければ、公務員の配置の移動になりますから、その移動の規模ですとか、さまざまな影響を考えて、モデル事業として適切なものとそうでないものということから2事業が最後に選定されました。その2事業は旅券発給（パスポート）事業という県民を直接対象とする事業、それから職員研修です。職員研修は県民直接ではなくて職員を対象とする事業ということで、他自治体では包括的な民間委託も着手されているような事業を選んだわけです。そして、これら2事業について官民の入札ということで決定させていただいたということになります。

これが官民競争型ということで、事例としては東京都と和歌山県が平成18年度に、愛知県や岡山県倉敷市は19年度に行ったということです。なお、今、この官民競争入札を行おうとしているところ、さらには先ほど現在は事例としてはないですよと言った公共サービス改革法による官民競争入札をお考えの自治体も、20年度には出てくるのではないかという現状であります。

5　公共サービス改革法の理解

先ほどから公共サービス改革法という言葉を出しながら、なかなかその内容について説明しなかったのですが、お気づきのとおり、これは「市場化テスト法」という名称ではありません。マーケット・テスティングの法律ではなくて、あくまでも公共サービス改革法（「競争原理の導入による公共サービスの改革に関する法律」）と銘打っている以上、現状の公共サービスを競争原理によって、どのように改革していくかという位置付けだろうと私は理解しておりまして、私たちの国や自治体の公共サービスをこれからどう変えていこうかという、その一つのあり方を示しているのではないかと思うわけです。

①公共サービス改革法の意義

その公共サービス改革法ですが、まず意義を申し上げます。私なりにこの意義をまとめてみると、「廃止や官民競争、あるいは民間競争、こういった公共サービスの改革の方向性、先ほどの**図表2**のフローチャートで書きました公共サービスの改革をどう進めていくかのフローチャート、その進め方、そして実際に競争であれば、その実施者の決定のあり方、決定されたあとの実施中のモニタリング、実施後の評価といった公共サービスの実施にかかるフローの各局面において、公正・公平・中立に決定・監視していく仕組みを作り上げるものである」ということになります。

さて、自治体の現実を振り返ってみますと、「民間委託にすると安いんですよ」というような簡単な言葉で決められてしまうようなことがなかったでしょうか。官がやっているときの仕事の内容、質、コストといったものを定量化して民間事業者の提案内容と比較してみれば、官の方が優れていたかもしれません。また、実際に仕事を民間委託しているときに、その仕事を官という組織がモニタリングしているのでしょうか。評価しているのでしょうか。また、アウトソーシングにおいても、提案された内容が本当に実施されているのでしょうか、というようなことを、それをできる限り第三者機関の目を通じて行っていこうではないか、というのが、市場化テストの一つの意義だろうと思います。

この法律で公共サービスの改革を行っていく道筋を示し、その道筋に第三者機関が入る形で、すべての改革の内容、プロセス、進め方、モニタリング、評価にわたって目に見えるようにしていきます。「民間委託がいいから民間委託にするんです。民間委託をしたあとの実施中の様子については、よくわかりません。評価をしても、確かにコストが下がったのか、質が上がったのかといったことはよくわかりません。」ということでは困るのです。逆に、住民にしっかりとわかるようにしていこうではないかという、ガバナンス改革だと位置付けてもよろしいかと思います。

この意義を達成するために、公共サービス改革法では、三つのアプローチを用意しています。第一に、事業仕分けです。第二に、アウトソーシングに際して、公共サービスの質の維持向上、コスト削減に向けた実効ある提案を担保していくモニタリング、評価といったものを組み込むにはどうしたらよろしいかという、アウトソーシング改革です。そして、第三に、官と民とがお互いに提案内容を比較し合う官民競争を行政改革の一手法として位置付けるということです。この三つのアプローチについては、後ほど、詳しく説明いたします。

②公共サービス改革法の機能

次に、今度は公共サービス改革法の「機能」ということで申し上げますと、民間事業者が仕事をするときに必要とされる「信頼性」と「実効性」を確保している点です。「信頼性」とは何かと言えば、秘密保持ということです。そして、「実効性」とは何かというと、確かに公共サービスの目的が達成されるということです。これらにつきまして、対象となる公共サービスを実施する民間事業者に対して、公共サービス改革法では、「信頼性」について、秘密保持義務規定を設けて、民間事業者に公務員と同様の刑罰を課すということであります。それから、「実効性」であれば、みなし公務員規定を設けて、例えば、贈収賄罪や公務執行妨害罪の適用が可能になるようにするということであります。

現状では参入規制があって民間事業者にはできないとされている仕事であっても、「信頼性、実効性の確保という道具を法律で用意するから、信頼性、実効性を確保してできるようになりますよ」という位置付けをします。ですから、これを実際に公共サービス改革法によらないでやっていく場合には、この辺りの制度設計ができるかどうかということがポイントになってくるのだろうと思います。秘密保持であれば、個人情報保護条例の適用が考えられるところですが、みなし公務員規定については、この法律によらない場合にこれがどこまで適用できるかというところで、非常に判断が難しいところがあります。このあたりは多治見市のガイドラインでもそうですが、今後市場化テストを進めていくときの自治体の課題として解決すべき点だろうと私は思っております。

Ⅱ　市場化テスト実施における課題

こうした市場化テストについて取り組もうとしている自治体の方がここにいらっしゃると思いますので、次に、実施に当たっての課題について、少し整理させていただこうと思います。

1　対象事業の選定

(1)　官民競争入札等の対象事業の選定方法

市場化テスト実施において、その入り口は対象事業の選定というところであります。これは実際にどういう事業を官民競争入札等――「等」というのは民間競争入札も入れて――選定するのかということです。先ほど説明した市場化テストにおける三つのアプローチのうち、「事業仕分け」に関わってくる部分です。具体的には、次の三つの手法があります。

第一に、一つ一つ全部仕事の棚卸しをして、その仕事についてどうするか決めていくやり方。これなどは、一度、全事業を棚卸しするわけですから、そこで廃止すべきは廃止し、民営化すべきは民営化し、最初から民間委託すべきは民間委託し、ということを決めていく過程を全事業を対象に行うわけです。手間がかかりますが、行政評価に基づいて一気に行革を進めていこうというときには、その効果は大きいでしょう。ただ、行政評価という仕組み自体がなかなかできあがっていないところでやろうとすると、事業をどう棚卸しするかというところから始まるので、非常に手間がかかります。

第二に、「この事業について市場化テストをやりますよ」ということを選定したうえで、官民競争の遡上にのせて、廃止すべきは廃止するという、先ほどの**図表2**のフローチャートに載せていく方法です。

三番目は、大阪府のように民間提案型アウトソーシングや、愛知県のように官民競争入札について民間事業者から提案を受けるというやり方です。すなわち、愛知県のやり方であれば、民間事業者から提案があるということは、仮に官民競争入札や民間競争入札という手段が適切となった場合に応札の可能性があるということですから、民間事業者の提案は非常に大切なのです。また、大阪府のやり方であれば、まずは改善提案が出てくる。その改善提案が出てきたときに官との比較を行っていこうではないかということをするわけですから、事業はいずれにしても改善されることがわかるわけです。まさに、民間事業者の提案ですから、もし民間競争入札ということになれば応札する可能性は十分にあります。そういったかたちで、民間事業者の提案をまず行うという考え方です。

ここで、この三番目の方法について、私は「改善提案」と言いましたが、ここは市場化テストの非常に大切なところですが、市場化テストで何を競争するかというと、改善提案の内容、その実効性、実現性を競争するわけです。すなわち、「公共サービスの現状が、今、このようになっています。その公共サービスの現状について、質を高めてコストを削減するために、どういう改善提案ができますか」ということを、官と民とに同時に投げ掛ける。あるいは官が最初から引いていれば、民だけに投げ掛ける。どちらにせよ、改善提案を出していただく。出していただいた改善提案が、「確かに言うことは言うけれども、この提案など実現できるはずはないじゃないか」というようなものでも困るわけです。それを一つ一つ確認をしていき、現実、「この提案ならば実現可能性は高く、そして、改善したかどうかが、後日、測定評価できるであろう」という点を見るわけであります。

先ほどの愛知県の旅券発給事業で言えば、質の改善・向上というところで、パスポート発給にとっての質とは何か、という点です。一つは待ち時間を短くすることで、もう一つは一次的な誤りを少なくすることであります。この二つ、待ち時間の短縮と誤謬率の低下という二つを実現する改善提案を官民それぞれ出してください、ということです。職員研修事業はもう少し複雑になりますが、一つは、職員研修に今まで欠けていたものは何だったか。それは研修のフォローアップと評価です。「あの講師はわかりやすかったか」という評価だけではなくて、「あなたはこの職員研修で何を身につけたか」という評価ですね。職員に対する実際の評価といったものが今まで欠けていたのであれば、その欠けていたものに対して、どんな提案をしていただけるか。その提案を官と民からしていただき、提案の内容、実現性を問うということになるわけです。

(2) 対象事業選定における論点

対象事業選定における論点としては、やはり公権力の行使ということをしっかりと詰めていかなければいけないわけです。公権力の行使というのは、「住民の権利を制限し義務を課すこと」という一行で説明できることではなくて、もう少しじっくり考えなければならない時期にきているのではないかということで、図表6で川崎市の事例を挙げております。

「自治体が行えば、それは公権力の行使なのだ」というように、蓋然性ですべて公権力の行使と

図表6　職務分類から見た公権力：川崎市役所の事例

川崎市の職務分類：地方自治法別表

① 市民の権利・自由の規制に直接には係わらない事務
② 主に市民へのサービス提供を目的とする事務であるが、付随的に管理調整等が伴う事務
③ 市民の安全や地域の秩序を確保する事務で権利・自由の規制に直接的に係わる事務

↓

③を公権力の行使

↓

公権力行使かどうかの判断基準：
「命令・処分等を通じて、対象となる市民の意思にかかわらず権利・自由を制限することとなる職務」

↓

川崎市役所にある3,509業務のうち、182業務（5.2%）が該当
該当例）行政代執行の業務
徴税業務
食品環境衛生業務
都市計画決定業務

（出所）今井（2006年）168頁の記述を基に筆者作成

いう枠の中にくくってしまう時代から、一つ一つ公権力の行使とは何かと詰めていくと、川崎市役所では３５０９業務のうち１８２業務、５・２％が公権力の行使に該当するという結論を出してきました。もちろん、この５・２％というのは、職員の５・２％というわけでもなく、事業量の５・２％というわけでもありませんので、事業量からすると一事業だけで非常にたくさんの職員を抱えている仕事もあるわけですから、「なんだ、こんなに少ないのか」と見ていただく

必要は全くないと思います。ともあれ、「すべてが公権力の行使」と言っている時代から、しっかりと役所自身が詰めていくと、対象事業の選定段階でも、「この仕事は、役所が行っているから公権力の行使である。したがって、民間事業者との競争あるいは民間委託にはなじまない」という言い訳はきかないだろうということになるわけです。

2　第三者機関の設置

公共サービス改革法では、その26条に「監督規定」があります。ここで述べられている国や自治体による監督とは、公共サービス実施民間事業者に対する報告徴収及び立入検査を指しております。そして、この監督規定では、こうした国や自治体による監督に対して、拒否や妨害、虚偽の報告などをした事業者に対して刑罰の対象とする厳格な適用を求めています。こうした厳格な適用がゆえに、国では官民競争入札等監理委員会、自治体では条例設置による合議制の機関に、報告徴収や立入検査などの事後報告を義務付けております。そうすることで、民間事業者による事務事業の実施に対して実効性を担保することにもなるわけです。

また、先ほど述べた公共サービス改革法の意義である「廃止、官民競争入札、民間競争入札の仕分けをするプロセス、あるいは質の維持向上と経費の削減を確認し説明責任を果たすプロセス、あるいは民間開放を図っていくプロセス、官民の競争を推進するプロセス、これら全てのプロセスにおいて、主権者、利用者の側から公平性、公正性、中立性を確保していく仕組みを整備すること。すなわち、公共サービスのガバナンスという点から、国民・住民に対する提供主体からの説明責任を果たす」という点で、第三者機関は、中核的な役割を担うことになります。したがいまして、公共サービス改革法によらずに市場化テストに取り組む場合でも、第三者機関の重要性を理解して、同様の機関を設置することが必要でしょう。

3　アウトソーシング改革との接点

市場化テストでは、官民競争の一方の結果としてアウトソーシングが想定されております。すなわち、官が不参加の場合や官が落札できなかった場合には、民間競争を経てアウトソーシングが行われます。さらに、前に言いましたように、わが国の自治体では、市場化テストを、官民競争から民間提案型アウトソーシングや協働化の手法へとその射程を拡大させて適用しようとします。こうした現状を見れば、市場化テストをいかにして適用させていくかを考える際には、アウトソーシングに対する一定の整理が必要となりますが、一方で、わが国自治体のアウトソーシングは、その手法を多様化させ改革してきたのも事実です。

さて、公共サービスについて、民間委託、他主体への移譲などの仕分けを行うために、これから申し上げる三点が前提となっています。第一に、当該公共サービスの質と経費についての測定と比較です。第二に、民間事業者等の創意工夫によって、公共サービスの質の維持向上と経費の削減を目指すのであれば、創意工夫が最大限引き出せるような環境作りが不可欠だということです。第三に、現行の規制が不要あるいは社会における資源配分の非効率を助長しているようなものであれば、撤廃ないし緩和をすることが求められます。

それでは、「公共サービスの質と経費の測定と比較」、「民間事業者等の創意工夫の最大化」、「規制撤廃／緩和」といった前提は、これまでのアウトソーシングの改革過程で、どこまで取り組まれてきたでしょうか。ここで、日本におけるアウトソーシングの歴史を振り返ってみます。

まず、1960年代から90年代に至るまでのアウトソーシングでは、業務委託が主流でした。業務委託では、行政の都合で業務を切り出し、詳細な仕様を行政が作成して発注する仕様発注になります。したがいまして、当該仕様を実現できるかどうかの資格審査を経ている事業者の決定方法は価格評価となります。詳細仕様を実現できる、すなわち、行政の要求する当該業務の「質」

を確保できる資格があるのならば、価格の最低の者を選ぶ、ということです。なお、契約は単年度契約です。また、支払われる委託料は、事業者の業績に関わらず定額です。これでは、民間企業の創意工夫は限定されてしまいますし、質の向上のためのインセンティブはありません。さらに、リスク管理への発想もないために、生じたリスクは、すべて官が負担するにも関わらず、官は保険を活用することをしません。こうした現状では、社会の負担は増加して、社会が受ける公共サービスの質は負担増の割に向上しないか劣化する可能性もあるわけです。こうした課題を解決するために、アウトソーシングの手法が、近年になって、多様化し、発展してきているわけです。

図表7をご覧ください。１９９０年代にはいって、官から民への動きが強まるにつれて、民間の強みを活かす観点から、アウトソーシング手法の進化が見られるようになりました。まず、英国に起源を持つＰＦＩ（Private Finance Initiative）です。資産から提供されるサービスの調達を資産そのもののアウトソーシングによって可能にする手法であり、その革新的特長は、詳細な仕様を民間事業者等に任せる性能発注と、複数年度契約したりすることで、民間事業者等の創意工夫の余地を拡大することになります。加えて、公共サービスの質と経費の双方を入札評価の対象とする総合評価や、官民間の適切なリスク配分を行うことで、社会の負担を最小化することなどが挙げられます。そして、性能発注、総合評価方式、複数年度契約、リスクの官民配分などの視点を、

図表７　自治体サービスの市場化手法と市場化テスト

市場化手法	市場化対象の決定	委託、発注方法、契約のあり方		規制改革の有無	官民競争の有無
		委託等のあり方	発注方法 契約のあり方		
業務委託	自治体	一部業務	仕様発注/価格評価 単年度契約	なし	なし
包括的民間委託	自治体	業務包括的	性能発注/総合評価 複数年度契約	なし	なし
一括型民間委託	自治体	多種業務一括	仕様発注/価格評価 単/複数年度契約	なし	なし
指定管理者制度	自治体	施設管理運営 業務包括的	性能発注/総合評価 複数年度協定	制度そのもの	財団等との競争
ＰＦＩ	自治体、民間提案	施設等包括的	性能発注/総合評価 複数年度契約	行政財産貸付等	ＰＳＣなど内包
市場化テスト	自治体、民間提案	業務包括的	性能発注/総合評価 複数年度契約	あり	あり

（筆者作成）

公の施設の管理運営の委任に適用したのが、２００３年導入の指定管理者制度ですし、下水道施設などの施設に対して導入しようとしたのが包括的民間委託です。

こうしたアウトソーシングの発展が見られるのですが、現状について、もう少し詳しく見ていきます。発注と事業者選定についても、改革の動きはかなりあるにせよ、仕様発注と価格評価がいまだに主流であり、性能発注と総合評価の採用はＰＦＩを除いては少ないのが現状です。民間事業者の創意と工夫を引き出し反映するという視点からは、アウトソーシングにかかる支払スキームに業績連動性を採用せずに定額制となっているため、質の向上を促す仕組みになっていないという課題があります。また、単年度契約が主体ですので、民間事業者にとっては、アウトソーシングのために、思い切った投資ができない点もあります。さらに、社会全体の負担削減に関係する課題として、リスク管理の問題があります。官民のリスク配分という視点がなく、リスク負担についても保険加入の意識が薄い官の組織に、一般財源で全額の負担が課せられるようになっている事例が多いのではないかと思います。

なお、公共サービス改革法では、「法の趣旨」を述べる第1条で、「民間事業者の創意と工夫とが反映されることが期待される一体の業務を選定して官民競争入札又は民間競争入札に付することにより、公共サービスの質の維持向上及び経費の削減を図る改革を実施するため（途中省略しますが）、落札した民間事業者が公共サービスを実施するために必要な措置」を定めるとしています。これは、民間事業者の創意工夫が発揮できる環境整備に努めることを求めるものでしょう。また、官民競争入札等の落札者決定については、公共サービス改革法第13条で、「公共サービスの質の維持向上と経費の削減を実現する上で有利な申込み」としていることから、質と経費とを評価対象とする総合評価方式を求めているわけです。この点で、私の話の最初に説明したイギリスの自治体の例では、強制競争入札の導入と相前後して、業績指標の発達と発生主義会計の早期の導入と

図表８　総合評価の事例：東京都官民競争入札における事例

ア 基礎審査（必須項目）
　下記1～5を満たさない場合には失格。

	審査項目	配点
1	指導員免許又は職業能力開発促進法（昭和44 年法律第64 号）に基づく訓練資格のある指導者が配置されているか。	－
2	教科指導について、1 名以上の指導体制であるか。	
3	訓練基準に沿った訓練内容となっているか。	
4	必要な訓練機器が配備されているか。	
5	連絡体制が行える事務の人員が配置されているか。	

イ 加点項目

		評価項目	配点	
			採点	加点
1		技能到達水準を達成するための訓練実施体制【重点評価項目】		
	（1）	訓練カリキュラムに工夫が見られるか。	50	－
	（2）	訓練実施の方法に工夫が見られるか。（訓練生の理解度を上げる工夫など）	50	－
	（3）	優れた指導ノウハウにより個々の能力や理解度等に応じた指導が期待できるか。	50	－
	（4）	指導体制が充実しているか。（ローテーション配置に無理はないか。）	－	20
	（5）	訓練内容や日常生活の相談について、常時相談に対応できる体制となっているか。	－	20
	（6）	訓練機器は充実しているか。	－	20
	（7）	その他、技能到達水準を達成するための訓練実施体制に工夫があるか。	20	－
		（計）	170	60
2		就職率70%以上を目標とする就職支援体制【重点評価項目】		
	（1）	就職支援について、相談できる人員の配置や産業カウンセラーの配置等により、適切な個別就業相談が受けられるか。	50	－
	（2）	就職支援策（無料職業紹介権や求人情報収集等）は充実しているか。	50	－
	（3）	就職支援カリキュラムに工夫が見られるか。	50	－
	（4）	求人情報等に触れる機会を多く提供しているか。	－	20
	（5）	訓練修了時点で未就職である者に対し、修了後、3ヶ月間有効な就職支援が可能であるか。	－	20
	（6）	その他、就職率70%以上を目標とする就職支援体制について工夫があるか。	20	－
		（計）	170	40
3		訓練の実施場所		
	（1）	訓練の実施場所は、交通条件等、立地環境が優れた場所であるか。	－	20
		（計）	－	20
4		訓練施設の設備		
	（1）	必要な訓練スペース等が確保されているか。	－	20
	（2）	休憩室、トイレ等の付加的設備、アメニティが整っているか。	－	20
		（計）	－	40
5		運営体制に関する事項		
	（1）	事業成果が期待できる過去の事業実績があるか。	－	20
	（2）	東京都または訓練生からの連絡等に対し、常時対応可能であるか。	－	20
	（3）	管理運営が滞らないよう業務分担が明確かつ機能的であるか。	－	20
	（4）	個人情報の管理について、適切な方法で対応しているか。	－	20
	（5）	その他、運営体制に関する事項について工夫があるか。	20	－
		（計）	20	80
		技術点計	360	240

（出所）福井県・岐阜県・三重県・滋賀県（2007年）p54, 図表4-6を基に筆者作成

いう制度が整えられたことを確認しておく必要があるでしょう。

こうした公共サービス改革法の趣旨は、自治体において、同法によらない市場化テストを実施する場合においても堅持されるべきだと、私は考えています。実際に、図表8に示してありますように、東京都の官民競争入札の例では、総合評価一般競争入札の下、重要業績指標が提示され、経費は間接費の配賦と発生主義会計の採用によって測定されています。さらに、リスク配分なども検討されて民間事業者には必要な保険の加入を義務付けるなど、公共サービス改革法の趣旨と規定とが活かされていることに注目したいところです。

4　コスト計算

官民競争入札等を実施するためには、行政と民間とが対等な競争相手となりうることと、対等な競争環境にあることが重要になります。そのため、応募要綱に当たる実施要項に基づいて、どの程度の費用でどのように行うか想定しながら、公共サービスの適切なコストを提示する必要があります。特に、自治体がそれまで実施してきた公共サービスについては、どの程度の費用でどのように行ってきたのかを正確に捉えることが、市場化テストの導入効果を図る上でも、また官

図表9　市場化テストにおける官民コスト比較

	項　目	算出方法等
対象経費	直接事業費	予算（決算）額
対象経費	直接人件費	次の式の値の合計で算出 管理職の必要業務量（人量）×平均給与額 管理職を除く職員の必要業務量（人量）×平均給与額
対象経費	法定福利	法定福利＝直接人件費×一定の率（雇用者負担金率）
対象経費	退職金給付引当金	退職金給与引当金＝前年度退職金支給総額÷（退職者数×平均在職者年数）
対象経費	物件費（消耗品費等）	予算（決算）の事業費に計上されていない場合（基本的に事業費に積算済み）は、予算（決算）データを利用して事業費按分をもとに算出
対象経費	減価償却費	減価償却費＝資産の取得価格÷耐用年数　（定額法）
対象経費	間接部門費（管理経費）	人事（福利厚生を含む）、管財、出納に係る費用（人件費、事業費）に県全体の事業費に占める対象事業費の割合を掛けて算出。但し事業の規模によっては算入しない。
対象経費	資金調達コスト	対象事業を実施するにあたって先行投資が必要な場合は、その先行投資分について金利を加算する。
対象外	その他	予算編成コスト、議会運営費、知事、部長等の費用などは、業務を外部化しても削減できないため、算入しない。

（出所）福井県・岐阜県・三重県・滋賀県（2007年）p61, 図表4-7

と民とが対等に競争するためにも重要になります。

公共サービスのコスト把握の問題は、官と民の会計制度が異なることから、考えていかなければなりません。つまり、民間事業者が発生主義・複式簿記の原則に基づき、直接費用と間接費用といったフルコストを把握した上で、これに利益を上乗せして、公共サービスの対価を決定するのに対して、現金主義・単式簿記に基づいているのが自治体の現状ですから、通常、予算上現れる直接費用としての事業費しか把握していないため、従事している職員の給与や退職給付引当金といった人件費、そして、減価償却費などの発生主義会計の費用、さらには、間接部門の事業費・人件費を事業に必要な費用として、別途把握してフルコストを算出する必要があるわけです。

図表10　官の入札額と調整額

入札額		調整額				
直接事業費	直接人件費	間接部門費	資金調達コスト	法定福利	退職金給付引当金	減価償却費

（筆者作成）

自治体が公共サービスに係るフルコストを把握するためには、直接事業費のほか、直接人件費、法定福利・退職金給付引当金、物件費、減価償却費、資金調達コスト、その他間接経費などの把握が必要になります。しかしながら、これらの数値を厳密に洗い出して求めることは、時間と費用がかかりますから、市場化テスト導入のためのコストを増加させる要因になりかねません。そのため、民間との競争上不公平にならない程度で、これらのコストを把握することが望ましい、と言えます。こうした観点から、各種費用の積上げによる方法を示したのが、図表9です。

官と民の応札価格の調整を入札実施部門が行う場合、官の事業実施部門は、どこまでの費用を応札価格に算入する必要があるかが問題となります。これについては、図表10に示しましたように、公共サービスを実施する際に必要とする直接事業費、および、実際に事業実施部門で見積もる必要のある人員の直接人件費を応札価格に含めて算定することとして、退職金給付引当金、減価償却費などといった費用は、入札実施部門で調整する費用となります。

おわりに

「市場化テスト」という、いまだに、なじみの薄い名前について、日本の実態と今フレームワークとなっている法律、それから、こちらの多治見市さんのガイドラインに関連して、市場化テストの論点について説明をさせていただきました。どうも大変長い時間にわたってご清聴をありがとうございました。これで終了いたします。（拍手）

【参考文献】

井熊均（2005年）『実践的事業者評価による自治体の調達革命』ぎょうせい
稲沢克祐（2007年）「市場化テストの論点整理―公共サービス改革法の検討と英国の経験から」『月刊　自治研第49巻通巻573号』自治研中央推進委員会
稲沢克祐（2006年）『自治体の市場化テスト』学陽書房
今井照（2006年）『自治体のアウトソーシング』学陽書房
福井県・岐阜県・三重県・滋賀県（2007年）『福井・岐阜・三重・滋賀四県共同研究報告書（指導教官稲沢克祐）』
市場化テスト協議会（2007年）『市場化テスト』学陽書房
多治見市役所（2007年）『多治見市役所市場化テストガイドライン』多治見市ホームページ　東京都ホームページ
内閣府公共サービス改革推進室編集（2006年）『詳解　公共サービス改革法　Q＆A「市場化テスト」』

本稿は２００８年2月27日、多治見市で開催された講演記録に加筆したものです。

著者紹介

小西砂千夫（こにし・さちお）

関西学院大学大学院経済学研究科教授

一九八三年、関西学院大学経済学部卒。九六年博士（経済学）。九九年から現職。

専門は財政学、地方財政、市町村合併。財務省財政制度等審議会専門委員、政府税制調査会専門委員、総務省、地方自治体の委員など公職歴任。多治見市財政問題市民懇話会会長、多治見市行政改革懇談会会長。

【主な著書】『地方財政改革の政治経済学』（有斐閣二〇〇七年）、『自治体財政のツボ』（関西学院大学出版会二〇〇七年）など。

稲澤克祐（いなざわ・かつひろ）

関西学院大学専門職大学院経営戦略研究科教授。

一九五九年群馬県生まれ。東北大学卒。博士（経済学）。

群馬県庁財政課等、四日市大学を経て現職。

内閣府官民競争入札等監理委員会専門委員、外務省政策評価アドバイザリー委員、愛知県市場化テストモデル事業監理委員会座長、名古屋市行政評価委員会委員長、芦屋市行政評価委員長、四日市市指定管理者選定委員長等公職歴任。

【主な著書】『自治体の市場化テスト』（学陽書房二〇〇六年）』、『英国地方政府会計改革論』（ぎょうせい二〇〇六年）など。

刊行にあたって

昨今、行政の領域への市場原理の導入が進展しつつあり、自治体は、行政・財政の両面において、市場と向き合う必要性に迫られています。

このような課題に対し、多治見市行政として正面から向き合うため、市場化テストガイドラインの策定、健全な財政に関する条例の制定などに取り組んできたところです。

本市におけるこれまでの取組みも踏まえつつ、自治体を取り巻く改革の流れや今後の動向などについて理解を深めるため、「地方行財政講演会～市場と向き合う自治体～」を開催しました。

今回、「多治見市の財政健全化条例と国の財政健全化法」について関西学院大学大学院経済学研究科教授の小西砂千夫先生、また、「自治体における市場化テストの課題」について関西学院大学専門職大学院経営戦略研究科教授の稲澤克祐先生をお招きして、ご講演いただきました。

その内容を多くの皆様と共有していくため、今般、公人の友社からブックレットを出版することとなりました。この冊子が、多くの皆様にとって自治体運営を考える上で参考となりますことを願うとともに、多くの読者の方々からの御意見、御感想をいただければ幸いです。

平成20年3月31日

多治見市長　古川　雅典

TAJIMI CITY Booklet No.11

市場と向き合う自治体

２００８年4月１５日　初版発行　　　定価（本体１０００円＋税）

著　者　　　小西砂千夫／稲澤　克祐

企　画　　　多治見市役所人事秘書課

発行人　　　武内　英晴

発行所　　　（株）公人の友社

〒112-0002　東京都文京区小石川５－２６－８

ＴＥＬ ０３－３８１１－５７０１

ＦＡＸ ０３－３８１１－５７９５

振替　００１４０－９－３７７７３

メールアドレス　koujin@alpha.ocn.ne.jp

「官治・集権」から
「自治・分権」へ

市民・自治体職員・研究者のための

自治・分権テキスト

《出版図書目録》

公人の友社
112-0002　東京都文京区小石川５－26－８
TEL　03-3811-5701
FAX　03-3811-5795
メールアドレス　koujin@alpha.ocn.ne.jp

●ご注文はお近くの書店へ

小社の本は店頭にない場合でも、注文すると取り寄せてくれます。

書店さんに「公人の友社の『○○○○』をとりよせてください」とお申し込み下さい。５日おそくとも10日以内にお手元に届きます。

●直接ご注文の場合は

電話・ＦＡＸ・メールでお申し込み下さい。（送料は実費）

TEL　03-3811-5701　FAX　03-3811-5795
メールアドレス　koujin@alpha.ocn.ne.jp

（価格は、本体表示、消費税別）

TAJIMI CITY ブックレット

No.2
転型期の自治体計画づくり
松下圭一　1,000円

No.3
これからの行政活動と財政
西尾勝　1,000円

No.4
構造改革時代の手続的公正と第2次分権改革
手続的公正の心理学から
鈴木庸夫　1,000円

No.5
自治基本条例はなぜ必要か
辻山幸宣　1,000円　［品切れ］

No.6
自治のかたち法務のすがた
政策法務の構造と考え方
天野巡一　1,100円

No.7
自治体再構築における
行政組織と職員の将来像
今井照　1,100円

No.8
持続可能な地域社会のデザイン
植田和弘　1,000円

No.9
政策財務の考え方
加藤良重　1,000円

No.10
市場化テストをいかに導入すべきか　～市民と行政
竹下譲　1,000円

No.11
市場と向き合う自治体
小西砂千夫・稲沢克祐　1,000円

地域ガバナンスシステム・シリーズ
（龍谷大学地域人材・公共政策開発システム
オープン・リサーチ・センター企画・編集）

No.1
地域人材を育てる
自治体研修改革
土山希美枝　900円

No.2
公共政策教育と認証評価システム―日米の現状と課題―
坂本勝　編著　1,100円

No.3
暮らしに根ざした心地良いまち
野呂昭彦・逢坂誠二・関原剛・吉本哲郎・白石克孝・堀尾正靱
1,100円

No.4
持続可能な都市自治体づくりのためのガイドブック
「オルボー憲章」「オルボー誓約」
翻訳所収
白石克孝・イクレイ日本事務所編
1,100円

No.5
英国における地域戦略パートナーシップの挑戦
白石克孝編・的場信敬監訳　900円

No.6
マーケットと地域をつなぐパートナーシップ
協会という連帯のしくみ
白石克孝編・園田正彦著　1,000円

No.7
政府・地方自治体と市民社会の戦略的連携
―英国コンパクトにみる先駆性―
的場信敬編著　1,000円

No.8
財政縮小時代の人材戦略
多治見モデル
大矢野修編著　1,400円

No.10
行政学修士教育と人材育成
―米中の現状と課題―
坂本勝著　1,100円

No.11
アメリカ公共政策大学院の認証評価システムと評価基準
―NASPAAのアクレディテーションの検証を通して―
早田幸政　1,200円

北海道自治研ブックレット

No.1
市民・自治体・政治
再論・人間型としての市民
松下圭一　1,200円

地方自治土曜講座ブックレット

《平成7年度》

No.1
現代自治の条件と課題
神原勝　［品切れ］

No.2
自治体の政策研究
森啓　600円

No.3
現代政治と地方分権
山口二郎　［品切れ］

No.4
行政手続と市民参加
畠山武道　［品切れ］

No.5
成熟型社会の地方自治像
間島正秀　［品切れ］

No.6
自治体法務とは何か
木佐茂男　［品切れ］

No.7
自治と参加アメリカの事例から
佐藤克廣　［品切れ］

No.8
政策開発の現場から
小林勝彦・大石和也・川村喜芳
［品切れ］

《平成8年度》

No.9
まちづくり・国づくり
五十嵐広三・西尾六七　［品切れ］

No.10
自治体デモクラシーと政策形成
山口二郎　［品切れ］

No.11
自治体理論とは何か
森啓　［品切れ］

No.12
池田サマーセミナーから
間島正秀・福士明・田口晃　［品切れ］

No.13
憲法と地方自治
中村睦男・佐藤克廣　［品切れ］

No.14
まちづくりの現場から
斎藤外一・宮嶋望　［品切れ］

No.15
環境問題と当事者
畠山武道・相内俊一　［品切れ］

No.16
情報化時代とまちづくり
千葉純・笹谷幸一　［品切れ］

No.17
市民自治の制度開発
神原勝　［品切れ］

《平成9年度》

No.18
行政の文化化
森啓　［品切れ］

No.19
政策法学と条例
阿倍泰隆　［品切れ］

No.20
政策法務と自治体
岡田行雄　［品切れ］

No.21
分権時代の自治体経営
北良治・佐藤克廣・大久保尚孝
［品切れ］

No.22
地方分権推進委員会勧告と
これからの地方自治
西尾勝　500円

No.23
産業廃棄物と法
畠山武道　［品切れ］

No.25
自治体の施策原価と事業別予算
小口進一　600円

No.26
地方分権と地方財政
横山純一　［品切れ］

《平成10年度》

No.27
比較してみる地方自治
田口晃・山口二郎　［品切れ］

No.28
議会改革とまちづくり
森啓　400円

No.29
自治の課題とこれから
逢坂誠二　［品切れ］

No.30
内発的発展による地域産業の
振興
保母武彦　［品切れ］

No.31
地域の産業をどう育てるか
金井一頼　600円

No.32
金融改革と地方自治体
宮脇淳　600円

No.33
ローカルデモクラシーの統治
能力
山口二郎　400円

No.34
政策立案過程への「戦略計画」
手法の導入
佐藤克廣　［品切れ］

No.35
98サマーセミナーから
「変革の時」の自治を考える
［品切れ］

No.36
地方自治のシステム改革
辻山幸宣　［品切れ］

No.37
分権時代の政策法務
礒崎初仁　［品切れ］

No.38
地方分権と法解釈の自治
兼子仁　［品切れ］

No.39
市民的自治思想の基礎
今井弘道　500円

No.40
自治基本条例への展望
辻道雅宣　［品切れ］

No.41
少子高齢社会と自治体の福祉
法務
加藤良重　400円

《平成11年度》

No.42
改革の主体は現場にあり
山田孝夫　900円

No.43
自治と分権の政治学
鳴海正泰　1,100円

No.44
公共政策と住民参加
宮本憲一　1,100円

No.45
農業を基軸としたまちづくり
小林康雄　800円

No.46
これからの北海道農業とまちづくり
篠田久雄　800円

No.47
自治の中に自治を求めて
佐藤守　1,000円

No.48
介護保険は何を変えるのか
池田省三　1,100円

No.49
介護保険と広域連合
大西幸雄　1,000円

No.50
自治体職員の政策水準
森啓　1,100円

No.51
分権型社会と条例づくり
篠原一　1,000円

No.52
自治体における政策評価の課題
佐藤克廣　1,000円

No.53
小さな町の議員と自治体
室崎正之　900円

No.54
地方自治を実現するために法が果たすべきこと
木佐茂男　［未刊］

No.55
改正地方自治法とアカウンタビリティ
鈴木庸夫　1,200円

No.56
財政運営と公会計制度
宮脇淳　1,100円

No.57
自治体職員の意識改革を如何にして進めるか
林嘉男　1,000円［品切れ］

《平成12年度》

No.59
環境自治体とＩＳＯ
畠山武道　700円

No.60
転型期自治体の発想と手法
松下圭一　900円

No.61
分権の可能性
スコットランドと北海道
山口二郎　600円

No.62
機能重視型政策の分析過程と財務情報
宮脇淳　800円

No.63
自治体の広域連携
佐藤克廣　900円

No.64
分権時代における地域経営
見野全　700円

No.65
町村合併は住民自治の区域の変更である。
森啓　800円

No.66
自治体学のすすめ
田村明　900円

No.67
市民・行政・議会のパートナーシップを目指して
松山哲男　700円

No.69
新地方自治法と自治体の自立
井川博　900円

No.70
分権型社会の地方財政
神野直彦　1,000円

No.71
自然と共生した町づくり
宮崎県・綾町
森山喜代香　700円

No.72
情報共有と自治体改革
ニセコ町からの報告
片山健也　1,000円

《平成13年度》

No.73
地域民主主義の活性化と自治体改革
山口二郎　600円

No.74
分権は市民への権限委譲
上原公子　1,000円

No.75
今、なぜ合併か
瀬戸亀男　800円

No.76
市町村合併をめぐる状況分析
小西砂千夫　800円

No.78
ポスト公共事業社会と自治体政策
五十嵐敬喜　800円

No.80
自治体人事政策の改革
森啓　800円

《平成14年度》

No.82
地域通貨と地域自治
西部忠　900円

No.83
北海道経済の戦略と戦術
宮脇淳　800円

No.84
地域おこしを考える視点
矢作弘　700円

No.87
北海道行政基本条例論
神原勝　1,100円

No.90
「協働」の思想と体制
森啓　800円

No.91
協働のまちづくり
三鷹市の様々な取組みから
秋元政三　700円

《平成15年度》

No.92
シビル・ミニマム再考
ベンチマークとマニフェスト
松下圭一　900円

No.93
市町村合併の財政論
高木健二　800円

No.95
市町村行政改革の方向性
～ガバナンスとNPMのあいだ
佐藤克廣　800円

No.96
創造都市と日本社会の再生
佐々木雅幸　800円

No.97
地方政治の活性化と地域政策
山口二郎　800円

No.98
多治見市の政策策定と政策実行
西寺雅也　800円

No.99
自治体の政策形成力
森啓　700円

《平成16年度》

No.100
自治体再構築の市民戦略
松下圭一　900円

No.101
維持可能な社会と自治
～『公害』から『地球環境』へ
宮本憲一　900円

No.102
道州制の論点と北海道
佐藤克廣　1,000円

No.103
自治体基本条例の理論と方法
神原勝　1,100円

No.104
働き方で地域を変える
～フィンランド福祉国家の取り組み
山田眞知子　800円

《平成17年度》

No.107
公共をめぐる攻防
～市民的公共性を考える
樽見弘紀　600円

No.108
三位一体改革と自治体財政
岡本全勝・山本邦彦・北良治・逢坂誠二・川村喜芳　1,000円

No.109
連合自治の可能性を求めて
サマーセミナー in 奈井江
松岡市郎・堀則文・三本英司・佐藤克廣・砂川敏文・北良治　他
1,000円

No.110
「市町村合併」の次は「道州制」か
高橋彦芳・北良治・脇紀美夫・碓井直樹・森啓　1,000円

No.111
コミュニティビジネスと建設帰農
松本懿・佐藤吉彦・橋場利夫・山北博明・飯野政一・神原勝
1,000円

《平成18年度》

No.112
「小さな政府」論とはなにか
牧野富夫　700円

No.113
栗山町発・議会基本条例
橋場利勝・神原勝　1,200円

No.114
北海道の先進事例に学ぶ
宮谷内留雄・安斎保・見野全・佐藤克廣・神原勝　1,000円

No.115
地方分権改革のみちすじ
―自由度の拡大と所掌事務の拡大―
西尾勝　1,200円

地方自治ジャーナル ブックレット

No.2
政策課題研究の研修マニュアル
首都圏政策研究・研修研究会
1,359円［品切れ］

No.3
使い捨ての熱帯林
熱帯雨林保護法律家リーグ　971円

No.4
自治体職員世直し志士論
村瀬誠　971円

No.5
行政と企業は文化支援で何ができるか
日本文化行政研究会　1,166円

No.7
パブリックアート入門
竹田直樹　1,166円［品切れ］

No.8
市民的公共と自治
今井照　1,166円［品切れ］

No.9
ボランティアを始める前に
佐野章二　777円

No.10
自治体職員の能力
自治体職員能力研究会　971円

No.11
パブリックアートは幸せか
山岡義典　1,166円

No.12
市民がになう自治体公務
パートタイム公務員論研究会
1,359円

No.13
行政改革を考える
山梨学院大学行政研究センター
1,166円

No.14
上流文化圏からの挑戦
山梨学院大学行政研究センター
1,166円

No.15
市民自治と直接民主制
高寄昇三　951円

No.16
議会と議員立法
上田章・五十嵐敬喜　1,600円

No.17
分権段階の自治体と政策法務
松下圭一他　1,456円

No.18
地方分権と補助金改革
高寄昇三　1,200円

No.19
分権化時代の広域行政
山梨学院大学行政研究センター
1,200円

No.20
あなたのまちの学級編成と
地方分権
田嶋義介　1,200円

No.21
自治体も倒産する
加藤良重　1,000円

No.22
ボランティア活動の進展と自
治体の役割
山梨学院大学行政研究センター
1,200円

No.23
新版・2時間で学べる
「介護保険」
加藤良重　800円

No.24
男女平等社会の実現と自治体
の役割
山梨学院大学行政研究センター
1,200円

No.25
市民がつくる東京の環境・公害
条例
市民案をつくる会　1,000円

No.26
東京都の「外形標準課税」はな
ぜ正当なのか
青木宗明・神田誠司　1,000円

No.27
少子高齢化社会における福祉
のあり方
山梨学院大学行政研究センター
1,200円

No.28
財政再建団体
橋本行史　1,000円［品切れ］

No.29
交付税の解体と再編成
高寄昇三　1,000円

No.30
町村議会の活性化
山梨学院大学行政研究センター
1,200円

No.31
地方分権と法定外税
外川伸一　800円

No.32
東京都銀行税判決と課税自主権
高寄昇三　1,000円

No.33
都市型社会と防衛論争
松下圭一　900円

No.34
中心市街地の活性化に向けて
山梨学院大学行政研究センター
1,200円

No.35
自治体企業会計導入の戦略
高寄昇三　1,100円

No.36
行政基本条例の理論と実際
神原勝・佐藤克廣・辻道雅宣
1,100円

No.37
市民文化と自治体文化戦略
松下圭一　800円

No.38
まちづくりの新たな潮流
山梨学院大学行政研究センター
1,200円

No.39
ディスカッション・三重の改革
中村征之・大森彌　1,200円

No.40
政務調査費
宮沢昭夫　1,200円

No.41
市民自治の制度開発の課題
山梨学院大学行政研究センター
1,100円

No.42
《改訂版》自治体破たん
・「夕張ショック」の本質
橋本行史　1,200円

No.43
分権改革と政治改革
～自分史として
西尾勝　1,200円

No.44
自治体人材育成の着眼点
浦野秀一・井澤壽美子・野田邦弘・
西村浩・三関浩司・杉谷知也・坂口
正治・田中富雄　1,200円

No.45
障害年金と人権
―代替的紛争解決制度と大学・
専門集団の役割―
橋本宏子・森田明・湯浅和恵・池原
毅和・青木久馬・澤静子・佐々木久
美子　1,400円

No.46
地方財政健全化法で財政破綻は阻止できるか
夕張・篠山市の財政運営責任を追及する
高寄昇三　1,200円

No.47
地方政府と政策法務
市民・自治体職員のための基本テキスト
加藤良重　1,200円

朝日カルチャーセンター 地方自治講座ブックレット

No.1
自治体経営と政策評価
山本清　1,000円

No.2
ガバメント・ガバナンスと行政評価システム
星野芳昭　1,000円

No.4
政策法務は地方自治の柱づくり
辻山幸宣　1,000円

No.5
政策法務がゆく
北村喜宣　1,000円

政策・法務基礎シリーズ
—東京都市町村職員研修所編

No.1
これだけは知っておきたい
自治立法の基礎
600円［品切れ］

No.2
これだけは知っておきたい
政策法務の基礎
800円

都市政策フォーラムブックレット
（首都大学東京・都市教養学部都市政策コース　企画）

No.1
「新しい公共」と新たな支え合いの創造へ —多摩市の挑戦—
首都大学東京・都市政策コース
900円

No.2
景観形成とまちづくり
—「国立市」を事例として—
首都大学東京・都市政策コース
1,000円

シリーズ「生存科学」
（東京農工大学生存科学研究拠点　企画・編集）

No.2
再生可能エネルギーで地域がかがやく
—地産地消型エネルギー技術—
秋澤淳・長坂研・堀尾正靱・小林久
1,100円

No.4
地域の生存と社会的企業
—イギリスと日本との比較をとおして—
柏雅之・白石克孝・重藤さわ子
1,200円

No.5
地域の生存と農業知財
澁澤栄・福井隆・正林真之
1,000円

No.6
風の人・土の人
—地域の生存とNPO—
千賀裕太郎・白石克孝・柏雅之・福井隆・飯島博・曽根原久司・関原剛
1,400円

自治体再構築

松下圭一（法政大学名誉教授）　定価 2,800 円

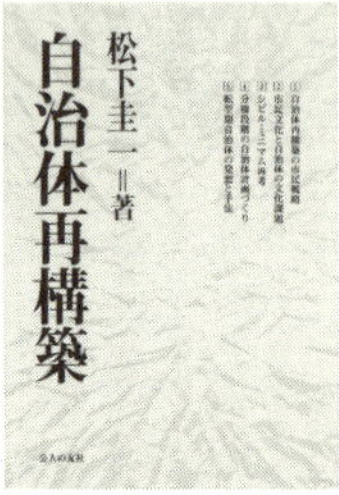

●官治・集権から自治・分権への転型期にたつ日本は、政治・経済・文化そして軍事の分権化・国際化という今日の普遍課題を解決しないかぎり、閉鎖性をもった中進国状況のまま、財政破綻、さらに「高齢化」「人口減」とあいまって、自治・分権を成熟させる開放型の先進国状況に飛躍できず、衰退していくであろう。
●この転型期における「自治体改革」としての〈自治体再構築〉をめぐる 2000 年～ 2004 年までの講演ブックレットの 総集版。

1　自治体再構築の市民戦略
2　市民文化と自治体の文化戦略
3　シビル・ミニマム再考
4　分権段階の自治体計画づくり
5　転型期自治体の発想と手法

社会教育の終焉 ［新版］

松下圭一（法政大学名誉教授）　定価 2,625 円

●86年の出版時に社会教育関係者に厳しい衝撃を与えた幻の名著の復刻・新版。
●日本の市民には、〈市民自治〉を起点に分権化・国際化をめぐり、政治・行政、経済・財政ついで文化・理論を官治・集権型から自治・分権型への再構築をなしえるか、が今日あらためて問われている。

序章　日本型教育発想
Ⅰ　公民館をどう考えるか
Ⅱ　社会教育行政の位置
Ⅲ　社会教育行政の問題性
Ⅳ　自由な市民文化活動
終章　市民文化の形成　　あとがき　　新版付記

自治・議会基本条例論　自治体運営の先端を拓く

神原　勝（北海学園大学教授・北海道大学名誉教授）　定価 2,625 円

生ける基本条例で「自律自治体」を創る。その理論と方法を詳細に説き明かす。7 年の試行を経て、いま自治体基本条例は第 2 ステージに進化。めざす理想型、総合自治基本条例＝基本条例＋関連条例

プロローグ
Ⅰ　自治の経験と基本条例の展望
Ⅱ　自治基本条例の理論と方法
Ⅲ　議会基本条例の意義と展望
エピローグ
条例集
1　ニセコ町まちづくり基本条例
2　多治見市市政基本条例
3　栗山町議会基本条例